构建新型电力系统的政策进展及分析

中国电力减排研究2024

张琳 张晶杰 赵小鹭
杨帆 石丽娜 陈衎
等/编著

王志轩/总顾问

中国环境出版集团·北京

图书在版编目（CIP）数据

构建新型电力系统的政策进展及分析 ： 中国电力减排研究. 2024 / 张琳等编著. -- 北京 ： 中国环境出版集团, 2025. 7. -- ISBN 978-7-5111-6228-1

Ⅰ. F426.61；X511

中国国家版本馆CIP数据核字第2025697CB4号

责任编辑 黄　颖
装帧设计 宋　瑞

出版发行 中国环境出版集团
（100062　北京市东城区广渠门内大街 16 号）
网　　址：http：//www.cesp.com.cn
电子邮箱：bjgl@cesp.com.cn
联系电话：010-67112765（编辑管理部）
010-67147349（第四分社）
发行热线：010-67125803，010-67113405（传真）
印装质量热线：010-67113404

印　　刷 北京鑫益晖印刷有限公司
经　　销 各地新华书店
版　　次 2025 年 7 月第 1 版
印　　次 2025 年 7 月第 1 次印刷
开　　本 787 × 1092　1/16
印　　张 6.25
字　　数 100千字
定　　价 80.00元

编写组成员

张　琳　张晶杰　赵小鹭　杨　帆　石丽娜

陈　衎　雷雨蔚　周宇航　陈莹莹　张欣然

总顾问

王志轩

中国电力减排研究

2024

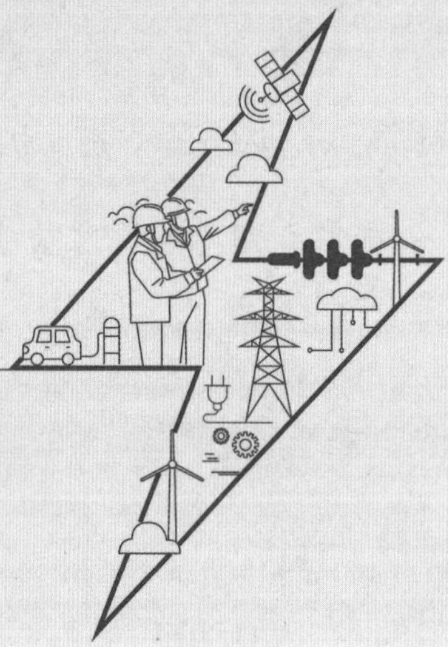

前　言

PREFACE

落实国家“双碳”目标，能源是主战场，电力是主力军。2021 年 3 月 15 日，中央财经委员会第九次会议首次提出要构建以新能源为主体的新型电力系统。党的二十大报告提出要积极稳妥推进碳达峰碳中和，深入推进能源革命，加快规划建设新型能源体系，确保能源安全，为新时代能源电力高质量发展提供了根本遵循。为引导电力行业科学推进新型电力系统构建，根据党中央、国务院部署，国家发展改革委、国家能源局等部门出台了一系列政策、规划和技术标准，初步形成了较为完善的支撑中国新型电力系统构建的政策体系。2023 年 7 月 11 日，中央全面深化改革委员会第二次会议明确了推进新型电力系统建设的“清洁低碳、安全充裕、经济高效、供需协同、灵活智能”二十字方针。

传统电力系统是随着新能源的发展而不断向新型电力系统发展的，由于新能源发电的波动性和随机性，其发电量占总发电量的比例不同，所形成的新型电力系统的阶段性特征不同，解决的主要矛盾也不同。我国新能源发电经过十多年超高速发展，到 2023 年底，其发电量已占我国总发电量的 16% 左右，相应地，中国新型电力系统建设进入了以大力提高电力系统灵活性为特征的新阶段。面向未来，新型电力系统的构建还将不断遇到诸多挑战，包括体制机制如何构建、源网荷储如何协同发展等。本书以新型电力系统构建要求为指引，通过研究新型电力系统发展现状、主要成效，以及梳理和分析新型电力系统政策进展，结合“双碳”目标和电力行业特点，提出促进新型电力系统发展的政策建议。

本书是在美国环保协会北京代表处支持下，由中国电力企业联合会与美国环保协会北京代表处合作编写，是双方编制的第 18 本年度系列报告。本书在定位上兼具研究性和交流性，为专业人员和公众了解中国新型电力系统建设进展提供参考和借鉴。

基于本书中涉及的主要数据和情况的时间均截至 2023 年底，为了让读者了解到更多新情况，部分数据及政策情况的时间截至报告出版前，特此说明。

本书编写组

2024 年 12 月

摘 要

SUMMARY

截至 2023 年底，全国全口径发电装机容量达到 292 224 万千瓦，同比增长 14.0%。其中，水电 42 237 万千瓦，火电 139 099 万千瓦，核电 5 691 万千瓦，并网风电 44144 万千瓦，并网太阳能发电 61 048 万千瓦；全国全口径非化石能源发电装机容量 157 541 万千瓦，占发电总装机容量比重 53.9%，比上年提高 4.2 个百分点。2023 年，全国全口径发电量 94 564 亿千瓦 · 时，同比增长 6.9%。其中，水电 12 859 亿千瓦 · 时，火电 62 657 亿千瓦 · 时，核电 4 347 亿千瓦 · 时，风电 8 859 亿千瓦 · 时，太阳能发电 5 842 亿千瓦 · 时；全国非化石能源发电量 31 907 亿千瓦 · 时，占总发电量比重 33.7%，比上年提高 0.3 个百分点。2023 年，全国 6 000 千瓦及以上火电厂供电标准煤耗 301.6 克 /（千瓦 · 时）；全国 6 000 千瓦及以上电厂厂用电率 4.65%；全国线损率 4.54%；全国电力烟尘、二氧化硫、氮氧化物排放量分别约 8.5 万、48.4 万、78.5 万吨；全国单位火电发电量烟尘、二氧化硫、氮氧化物排放量分别约为 14 毫克 /（千瓦 · 时）、77 毫克 /（千瓦 · 时）、125 毫克 /（千瓦 · 时）；全国单位火电发电量二氧化碳排放约 821 克 /（千瓦 · 时），全国单位发电量二氧化碳排放约 540 克 /（千瓦 · 时）。

自 2021 年首次提出新型电力系统以来，国家层面发布了多项政策法规，涵盖顶层设计、电源侧、电网侧、负荷侧、储能领域、技术装备、市场和监管机制等方面，逐步形成促进和支撑新型电力系统构建的政策体系框架。党的二十大报告提出“深入推进能源革命”“加快规划建设新型能源体系”“加强能源产供储销体系建设”等；中央全面深化改革委员会明确了构建“清洁低碳、安全充裕、经济高效、供需协同和灵活智能”的新型电力系统的要求。国家发展改革委、国家能源局等部门颁布了多项重大且影响深远的政策文件，涉及能源体系规划、可再生能源高质量发展、煤电低碳化改造建设、配电网高质量发展、电网调峰储能和智能化调度、源网荷储一体化和多能互补、全国统一电力市场体系建设、能源安全监管等，为当前及未来新型电力系统建设构建了系统框架，并明确了建设任务。

本研究通过分析美国、德国等典型国家电力转型政策，基于我国国情与电力市场基础，提出下一步电力现货市场机制建设建议。一是建立更为精细、灵活的中长期交易机制，逐步实现更细致的市场颗粒度和更短的结算周期。通过灵活的交易时序与品种，为新能源参与市场提供更多调整空间。同时，还应探索建立容量成本回收机制，完善辅助服务的交易品种。逐步完善新能源的市场接入机制，逐步降低新能源的保障利用小时数，并建立合理的平衡成本分摊机制，引导新能源场站主动承担平衡责任，提高电力系统的稳定运行水平。二是建立场外补贴机制和市场机制，在鼓励各类主体积极参与市场、获得公平收益的同时，将诸如差别输配电价和优惠税收费用等政策独立于电能市场之外，以减少外部性和长期性问题对电力市场竞争效率的影响。三是建立高比例的多年期合约、绿色证书等机制，确保绿色电力从生产、传输到消费的全流程追踪，以实现扶持政策和激励机制的同步作用。

结合国家“双碳”目标及电力行业特点，研究提出促进新型电力系统发展的政策建议：一是持续完善新型电力系统顶层设计和系统规划；二是发挥煤电基础保障性与系统调节性作用；三是积极有序推进可再生能源发展；四是构建坚强、智能电网系统；五是多种措施推进需求响应；六是加强新型电力系统关键技术研发能力；七是深化机制改革，建立并完善适应新型电力系统发展的市场体系。

Abstract

By the end of 2023, China's total installed power generation capacity reached 2,922.24 GW, marking a year-on-year increase of 14.0%. This included 422.37 GW of hydropower, 1,390.99 GW of thermal power, 56.91 GW of nuclear power, 441.44 GW of grid-connected wind power, and 610.48 GW of grid-connected solar power. Non-fossil energy capacity totaled 1,575.41 GW, accounting for 53.9% of total installed capacity, an increase of 4.2 percentage points compared to the previous year. In 2023, China's total power generation amounted to 9,456.4 TW·h, a year-on-year increase of 6.9%. This included 1,285.9 TW·h from hydropower, 6,265.7 TW·h from thermal power, 434.7 TW·h from nuclear power, 885.9 TW·h from wind power, and 584.2 TW·h from solar power. Non-fossil fuel power generation amounted to 3,190.7 TW·h, accounting for 33.7% of total power generation, up 0.3 percentage points from the previous year. In 2023, the standard coal consumption rate for coal-fired power plants (≥6,000 kW) averaged 301.6 g/ (kW·h); the auxiliary power consumption rate for power plants (≥6,000 kW) was 4.65%, and the national line loss rate was 4.54%. National emissions of soot, sulfur dioxide (SO_2), and nitrogen oxides (NO_2) from the power sector were approximately 85,000 tons, 484,000 tons, and 785,000 tons, respectively. Emissions per kW·h of thermal power generation were approximately 14 mg/(kW·h) for soot, 77 mg/(kW·h) for SO_2, and 125 mg/(kW·h) for NO_x. CO_2 emissions averaged 821 g/(kW·h) for thermal power and 540 g/(kW·h) across all generation sources.

Since the concept of the "new power system" was introduced in 2021, China has issued a series of national-level policies and regulations covering top-level design, generation-side, grid-side, demand-side, energy storage, technological equipment, market mechanisms, and regulatory frameworks. Collectively, a coherent and systematic set of policy frameworks has gradually been formed to promote and support the construction of the new power system. The report to the 20th National Congress of the Communist Party of China called for "deepening energy revolution," "accelerating the planning and construction of a new energy system," and "strengthen the systems for energy production, supply, storage, and marketing." The Central Commission for Comprehensively Deepening Reform set out requirements for building a new power system that is clean and low-carbon, secure and sufficient, economically efficient, demand-supply balanced, smart and flexible. The National Development and Reform Commission, the National Energy Administration, and other authorities have issued several strategic and far-reaching policy documents, covering areas such as power system planning, high-quality development of renewable energy, low-carbon retrofitting of coal-fired power plants, high-quality development of power distribution networks, peak load management, smart dispatch, power source-grid-load-storage integration, multiple energy sources complementarity, construction of a unified national power market, and energy security supervision. These documents provide systematic frameworks and clear pathways for the current and future development of the new power system.

Based on the analysis of power transition policies in typical countries such as the United States and Germany, and grounded in China's national conditions and market fundamentals, this study put forward recommendations for the next step in developing the electricity spot market mechanism. First, establish a more refined and flexible mid- to long-term trading mechanism, progressively narrow market granularity and shorten settlement cycles. By introducing flexible trading timeframes, sequences, and products, more opportunities can be created for renewable energy to participate in the market. At the same time, explore the establishment of a capacity cost recovery mechanism and expand the scope of ancillary services and products. In addition, progressively refine the market access mechanism for renewable energy, gradually reduce the guaranteed utilization hours, and establish a fair cost-sharing mechanism for system balancing that guides renewable energy to actively undertake balancing responsibilities and contribute to system stability. Second, introduce off-market subsidies and establish market mechanisms to draw a broader and more diverse range of participants, while safeguarding fair and reasonable returns. Meanwhile, separate policies such as differentiated transmission and distribution tariffs and preferential tax and fee policies from the electricity market to minimize the impact of externalities and long-term distortions in market efficiency. Third, develop mechanisms such as high-proportion multi-year contracts and green certificates to ensure end-to-end tracking of green electricity from production to consumption, and create synergies between supportive policies and incentive mechanisms.

In alignment with China's "dual carbon" goals and the characteristics of the power sector, this study proposes policy recommendations to promote the development of the new power system. First, continuously improve the top-level design and systematic planning of the new power system; Second, leverage coal-fired plants to underpin energy security and provide system balancing. Third, advance the orderly and proactive development of renewable energy. Fourth, build resilient and smart grids. Fifth, implement a range of measures to stimulate demand response. Sixth, strengthen research and development capabilities for key technologies in the new power system. Seventh, deepen institutional reform and further refine the market mechanism to align with the development of the new power system.

目　录

CONTENTS

001 第一部分　中国电力绿色低碳发展情况

第一部分

中国电力绿色低碳发展情况

2020年9月22日，在第七十五届联合国大会一般性辩论上，国家主席习近平向全世界郑重宣布“二氧化碳排放力争于2030年前达到峰值，努力争取2060年前实现碳中和”，简称为“双碳”目标。2021年3月15日，中央财经委员会主任习近平主持召开中央财经委员会第九次会议，研究实现“双碳”目标的基本思路和主要举措。会议指出，要构建清洁低碳安全高效的能源体系，控制化石能源总量，着力提高利用效能，实施可再生能源替代行动，深化电力体制改革，构建以新能源为主体的新型电力系统。2023年7月11日，中央全面深化改革委员会召开会议，审议通过《关于深化电力体制改革加快构建新型电力系统的指导意见》。习近平总书记在主持会议时强调，要深化电力体制改革，加快构建清洁低碳、安全充裕、经济高效、供需协同、灵活智能的新型电力系统，更好推动能源生产和消费革命，保障国家能源安全。

1 清洁低碳

1.1 电力清洁发展

2023年3月5日，国务院总理李克强在作2023年国务院《政府工作报告》时指出，2023年发展主要预期目标包括单位国内生产总值能耗和主要污染物排放量继续下降，重点控制化石能源消费，生态环境质量稳定改善。

1.1.1 电力污染物排放控制情况

（1）大气污染控制情况

根据《中国电力行业年度发展报告2024》，2023年，全国火电烟尘排放总量约为8.5万吨，同比下降约14.1%；全国火电二氧化硫排放量约为48.4万吨，同比上升约1.7%；全国火电氮氧化物排放量约为78.5万吨，同比上升约3.0%；三项主要大气污染物累计排放量约135.4万吨，与2011年相比下降约94.7%。2023年，单位火电发电量烟尘排放量约为14毫克/（千瓦·时），同比下降约3毫克/（千瓦·时）；单位火电发电量二氧化硫排放量约为77毫克/（千瓦·时），同比下降约6毫克/（千瓦·时）；单位火电发电量氮氧化物排放量约为125毫克/（千瓦·时），同比下降约8毫克/（千瓦·时）。

2000—2023年火电主要大气污染物排放总量情况及2006—2023年火电主要大气污染物排放绩效（单位发电量排放量）情况分别见图1-1和图1-2。

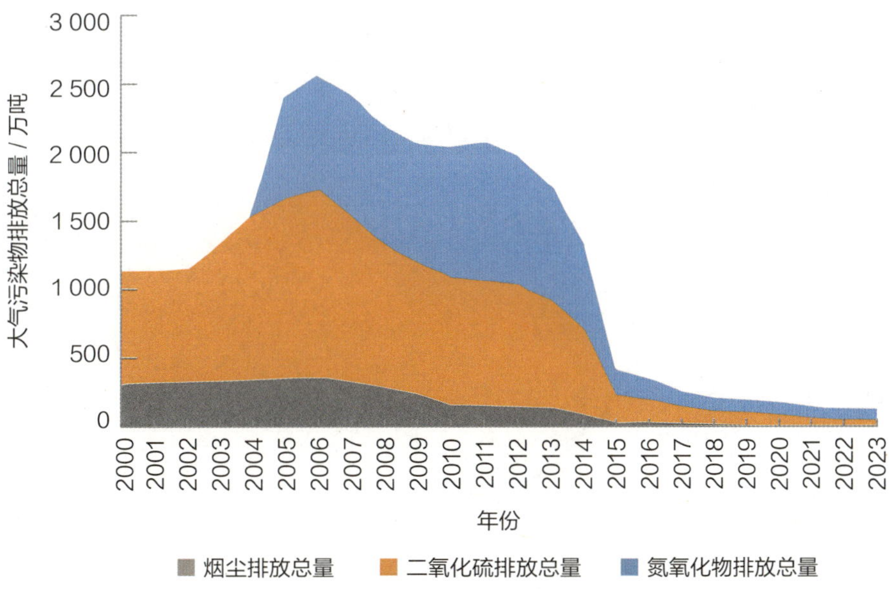

图1-1 2000—2023年火电主要大气污染物排放总量情况

注：统计范围为全国装机容量6 000千瓦及以上火电厂，下同；火电氮氧化物排放在2004年前无统计意义上的数据。

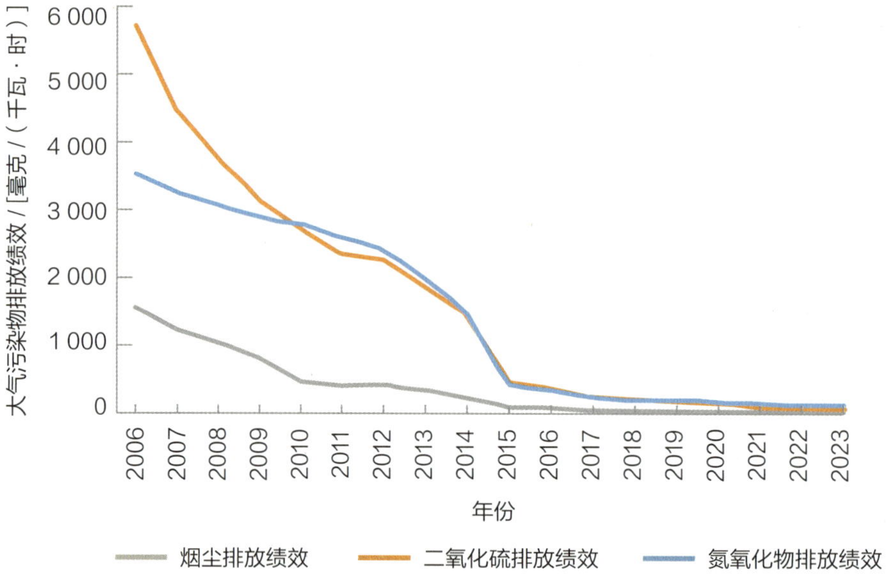

图1-2　2006—2023年火电主要大气污染物排放绩效（单位发电量排放量）情况

（2）水污染控制情况

2023年，全国火电厂单位发电量废水排放量为0.05千克/（千瓦·时），与上年持平。2006—2023年全国火电厂单位发电量废水排放情况见图1-3。

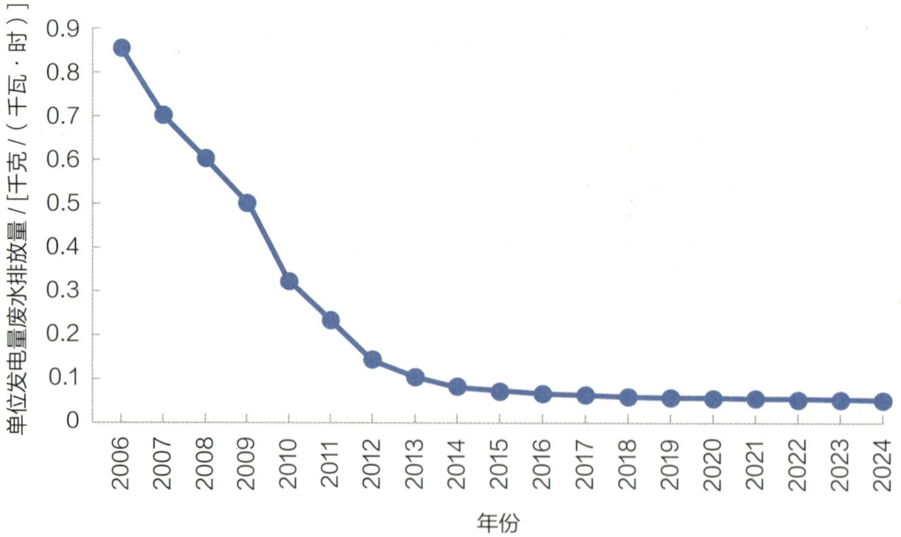

图1-3　2006—2023年全国火电厂单位发电量废水排放情况

1.1.2 固体废物综合利用

（1）粉煤灰

2023年，全国火电厂粉煤灰产生量约6.73亿吨，同比增加0.3亿吨；综合利用量约4.31亿吨，综合利用率为64.0%。

2010—2023年全国火电厂粉煤灰产生与利用情况见图1–4。

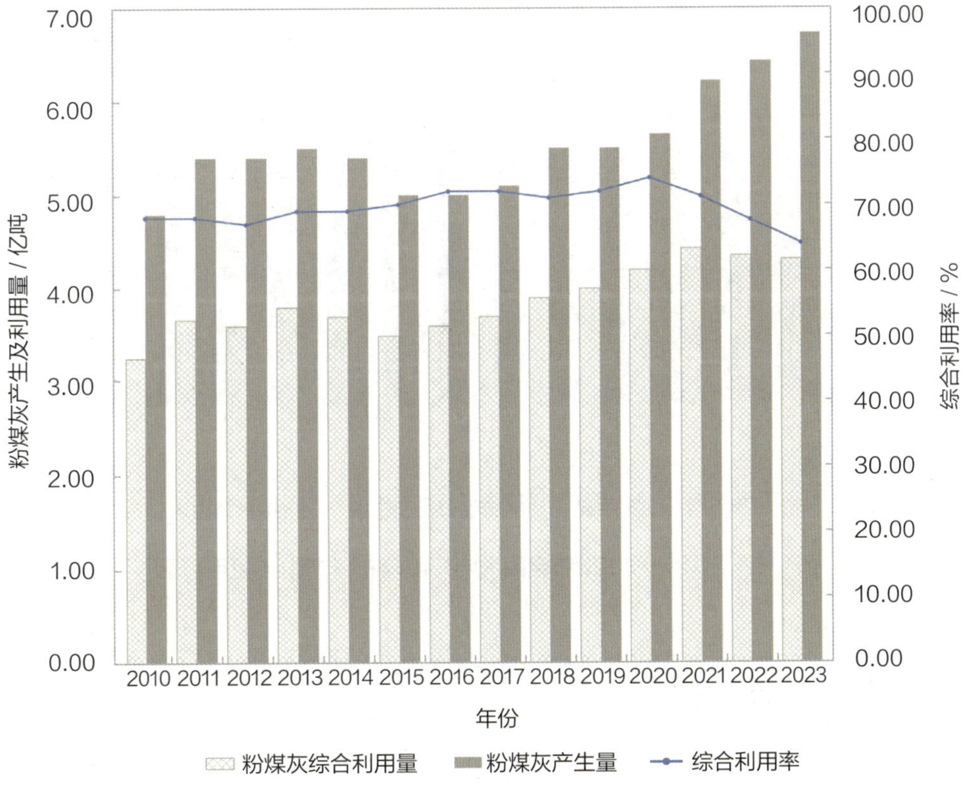

图1–4　2010—2023年全国火电厂粉煤灰产生与利用情况

（2）脱硫石膏

2023年，全国火电厂脱硫石膏产生量约1.0亿吨，同比增加560万吨；综合利用量约6 550万吨，综合利用率65.5%。

2010—2023年全国火电厂脱硫石膏产生与利用情况见图1–5。

从图1-4至图1-5可以看出，粉煤灰及脱硫石膏的综合利用率呈下降趋势，主要原因是我国大规模基本建设速度放缓，粉煤灰及脱硫石膏的需求量有所降低，但产生量仍然呈上升趋势。

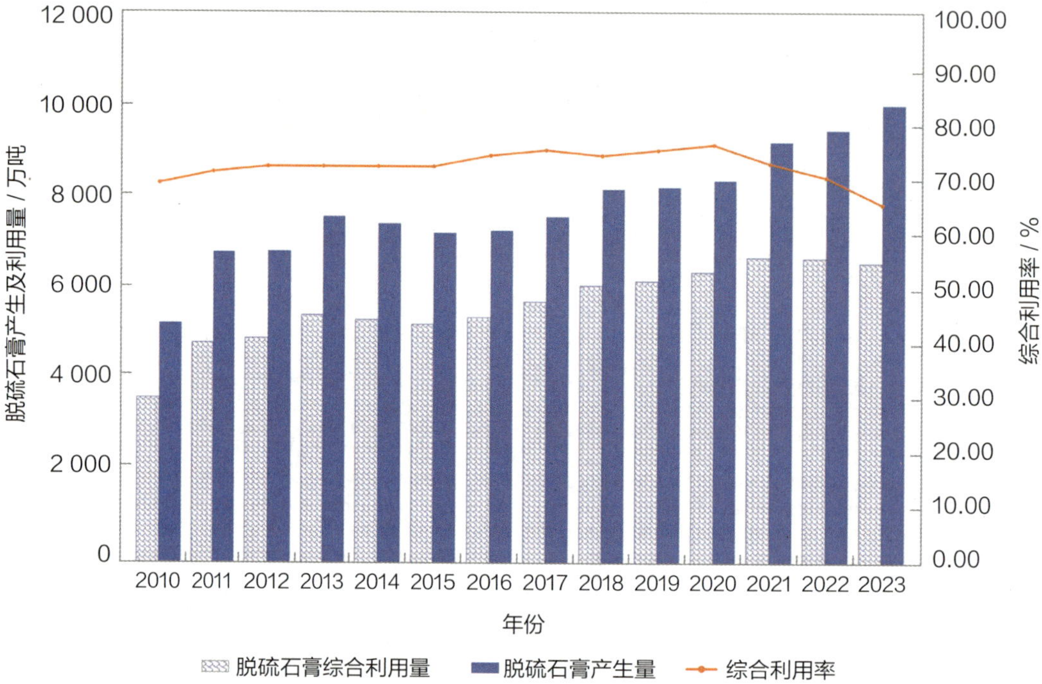

图1-5　2010—2023年全国火电厂脱硫石膏产生与利用情况

1.2　电力低碳发展

1.2.1　电力结构调整

（1）装机容量及结构

根据《中国电力行业年度发展报告2024》，截至2023年底，全国发电总装机容量[1] 292 224万千瓦，同比增长14%，增速同比提高约5.8个百分点。其中，

1　全国发电装机容量不含新型储能，下同。

水电42 237万千瓦，同比增长2.0%（其中，抽水蓄能5 094万千瓦，同比增长11.2%）；火电139 099万千瓦，同比增长4.2%（其中，燃煤发电116 484万千瓦，同比增长3.4%；燃气发电12 620万千瓦，同比增长9.1%）；核电5 691万千瓦，同比增长2.4%；并网风电44 144万千瓦，同比增长20.7%（其中，陆上风电40 415万千瓦，海上风电3 729万千瓦）；并网太阳能发电61 048万千瓦，同比增长55.5%（其中，光伏发电60 991万千瓦，分别是集中式光伏35 224万千瓦、分布式光伏25 767万千瓦）；并网风电和光伏发电合计装机规模突破10亿千瓦大关，2023年底达到10.5亿千瓦，占总装机容量比重为36%。中国人均装机容量为2.07千瓦，比上年增加0.25千瓦。

从图1-6、图1-7和图1-8可以看出，在总装机容量增长的过程中，火电装机容量占比与新能源装机容量占比呈现此消彼长的趋势，火电下降了20个百分点，新能源增加了27个百分点，新能源装机容量呈爆发式增长态势。

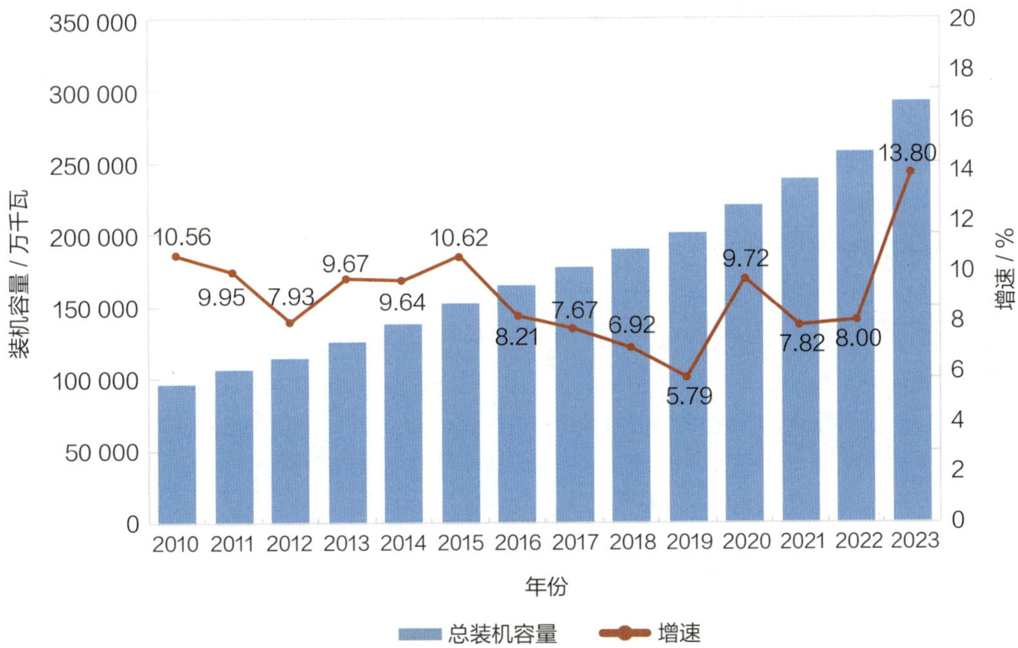

图1-6　2010—2023年全国全口径发电装机容量及增速

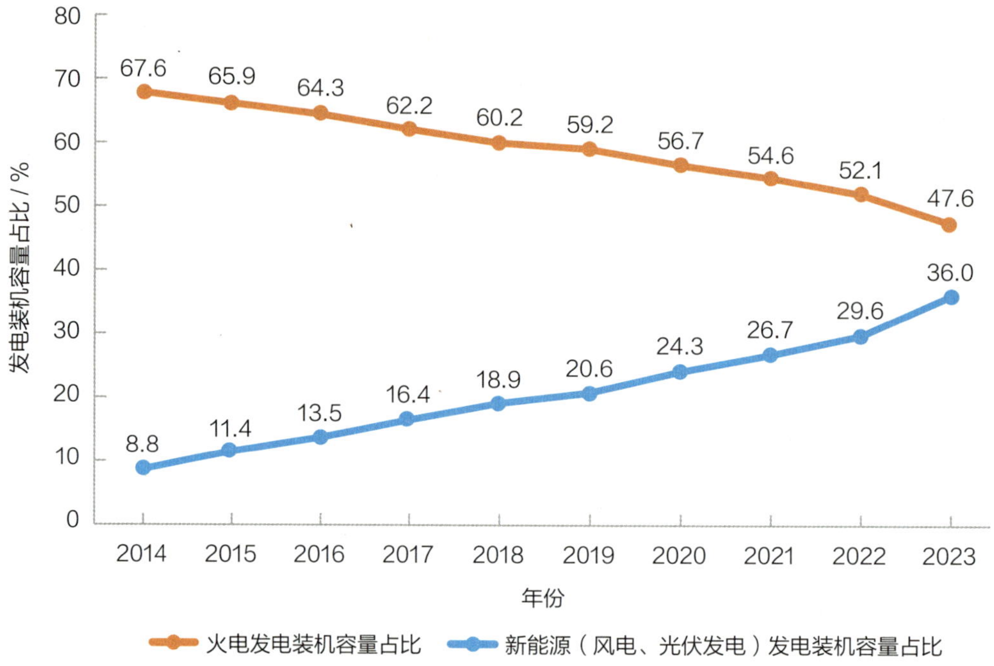

图1-7　2014—2023年全国火电与新能源（风电、太阳能）发电装机容量占比变化情况

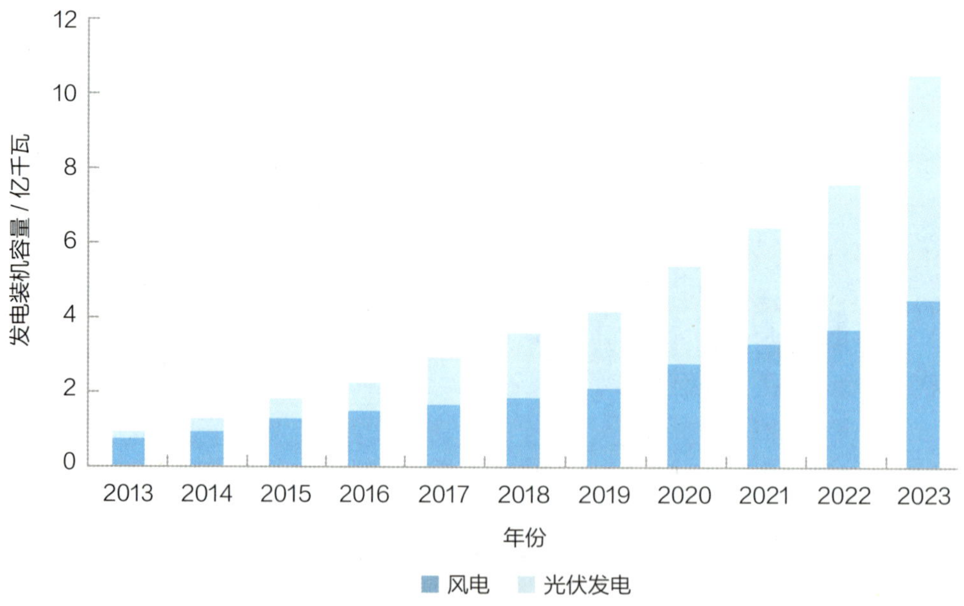

图1-8　2013—2023年新能源（风电、太阳能）发电总装机容量年际变化

（2）发电量及结构

2023年，全国发电量[1] 94 564亿千瓦·时，同比增长6.9%，增速同比提高1.48个百分点。其中，水电发电量12 859亿千瓦·时，同比下降4.9%，占总发电量的13.6%；火电发电量62 657亿千瓦·时，同比增长6.4%，占总发电量的66.3%；核电发电量4 347亿千瓦·时，同比增长4.1%，占总发电量的4.6%；风电发电量8 859亿千瓦·时，同比增长16.2%，占总发电量的9.4%；太阳能发电量5 842亿千瓦·时，同比增长36.7%，占总发电量的6.2%。在新能源发电装机快速发展的带动下，风电和太阳能发电量快速增长，合计发电量同比增加2 801亿千瓦·时，占全年总发电量增量的46.1%。中国人均发电量为6 708千瓦·时，同比增长440千瓦·时。

从图1-9至图1-11可以看出，在总发电量增长的过程中，火电发电量占比与新能源发电量占比也呈现此消彼长的趋势，火电发电量占比下降了约10个百

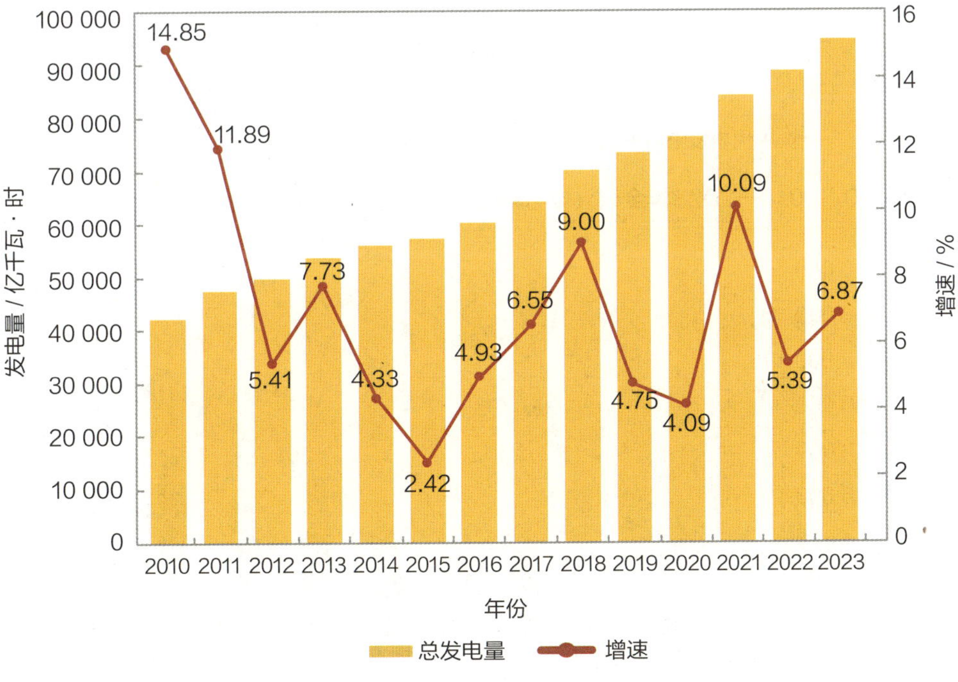

图1-9　2010—2023年全国全口径发电量及增速

1　发电量数据来源于《中华人民共和国2023年国民经济和社会发展统计公报》。

分点，新能源发电量占比增加了约13个百分点，与装机容量的变化趋势相比，新能源发电量增长显著低于火电发电量增长，这是因为新能源的特性决定了发电设备年利用小时大大低于火电机组的年利用小时。显然，新能源发电与火电发电之间电力（装机）与电量不是简单的等同替代关系。

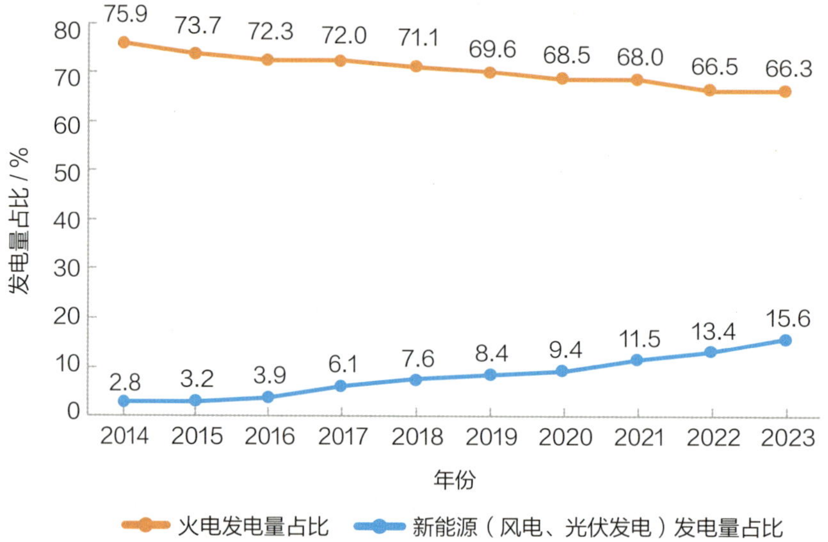

图1-10　2014—2023年全国火电与新能源（风电、太阳能）发电量占比变化情况

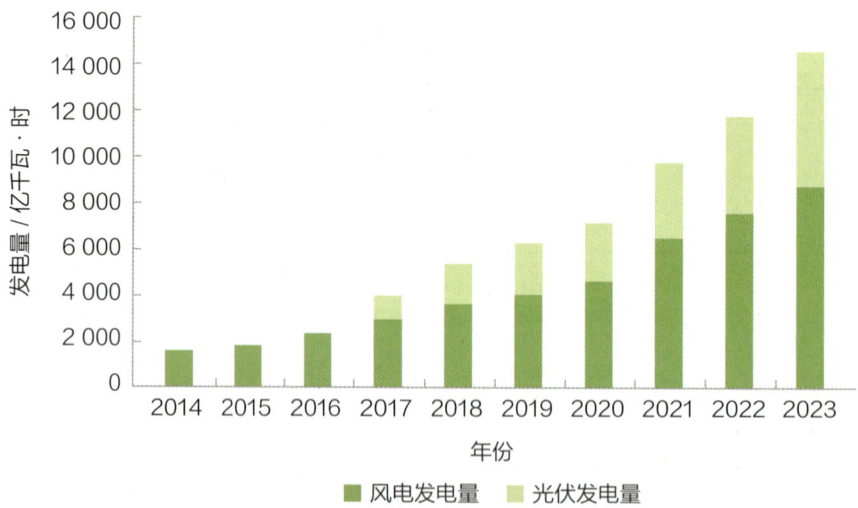

图1-11　2014—2023年新能源（风电、太阳能）发电总量年际变化

1.2.2 电力降碳效果

（1）综合降碳

中国的低碳电力配置成效显著。从输电技术来看，全国特高压1 000千伏交流和±800千伏、±1 100千伏直流输电技术实现全面突破，掌握了具有自主知识产权的特高压核心技术和全套装备制造能力；截至2023年底，全国共建成投运38项特高压线路（国家电网有限公司建成投运18项交流特高压、16项直流特高压，中国南方电网有限责任公司建成投运4项直流特高压）。

根据《中国电力行业年度发展报告2024》，2023年，全国单位发电量二氧化碳排放量约540克/（千瓦·时），同比降低0.18%，比2005年降低37%。以2005年为基准年，2006—2023年，通过发展非化石能源、降低供电煤耗和线损率等措施，电力行业累计相对减少二氧化碳排放量约282.2亿吨。其中，非化石能源发展贡献率为57.9%，降低供电煤耗对电力行业二氧化碳减排贡献率为39.7%，降低线损率对电力行业二氧化碳减排贡献率为2.4%。

2005—2023年电力行业二氧化碳排放强度、2006—2023年各种措施减少二氧化碳排放情况（以2005年为基准年）见图1-12和图1-13。

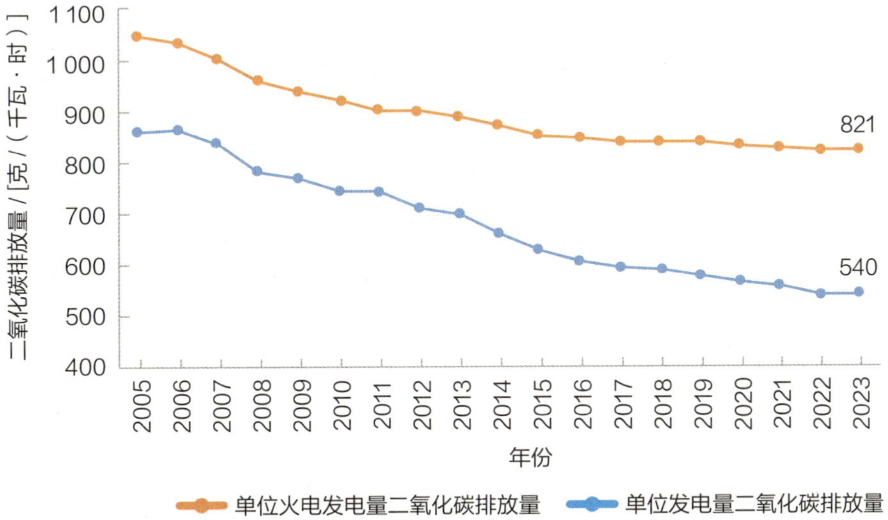

图1-12　2005—2023年电力行业二氧化碳排放强度

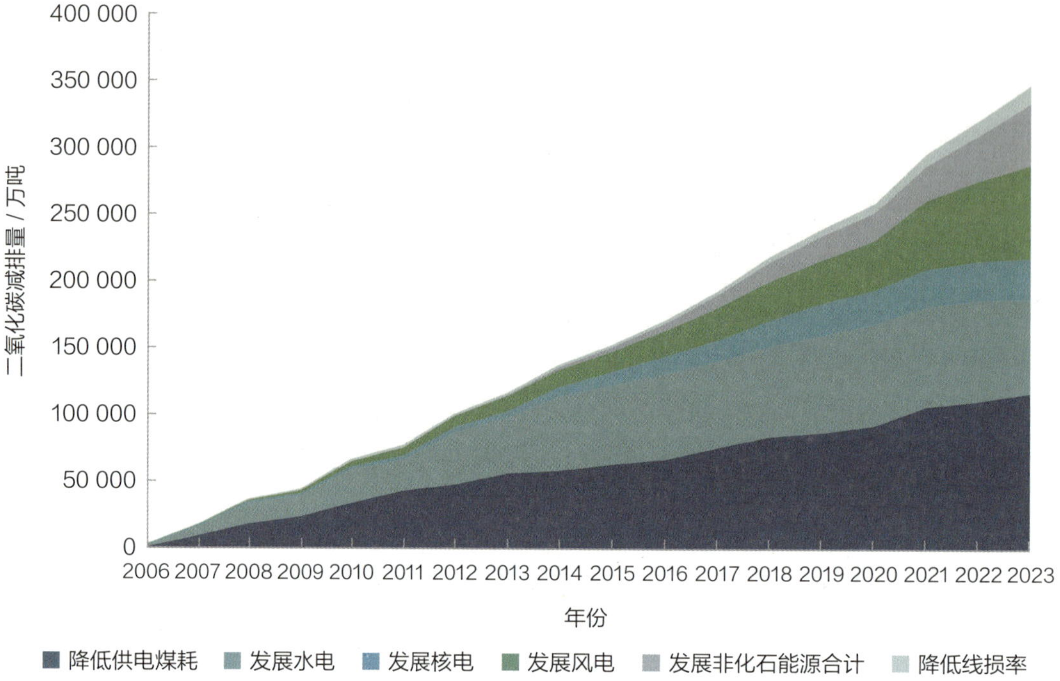

图1-13　2006—2023年各种措施相对减少二氧化碳排放情况
（以2005年为基准年）

（2）提效降碳

根据《中国电力行业年度发展报告2024》，2023年，全国单位火电发电量二氧化碳排放量约821克/（千瓦·时），同比降低0.36%，比2005年降低21.7%。全国6 000千瓦及以上火电厂供电标准煤耗301.6克/（千瓦·时），比上年增加0.9克/（千瓦·时）；全国线路损失率为4.54%，比上年下降0.30个百分点。2023年，全国80%以上的煤电机组实施了节能改造。全国各电厂大范围推进落实“上大压小”、供热改造、节能改造、管理提升等电力降碳措施，供电煤耗呈现总体下降趋势。其中，“十一五”“十二五”“十三五”期间供电煤耗分别下降27克/（千瓦·时）、17.6克/（千瓦·时）、11.8克/（千瓦·时），2021—2022年平均下降2.9克/（千瓦·时），2023年略有上涨。

2001—2023年全国6 000千瓦及以上火电厂供电标准煤耗和全国线损率见图1-14。

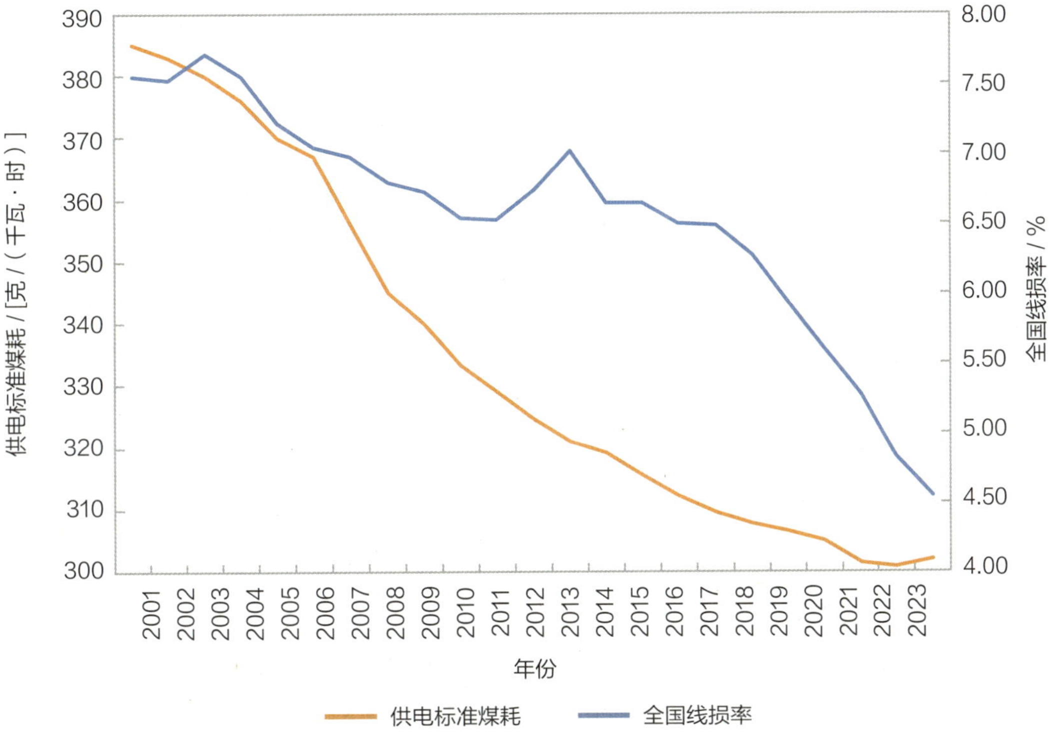

图1-14　2001—2023年全国6 000千瓦及以上火电厂供电标准煤耗和全国线损率

从图1-14可以看出，供电标准煤耗近几年基本持平且略有上升，并非放松了节能提效的技术创新及管理，而是煤电功能逐步向灵活调节型电源转变，年利用小时数降低，煤耗水平上升。

（3）管理降碳

通过为煤电企业分配碳配额，并利用碳排放权交易市场机制达到低成本降碳，是管理碳排放的主要措施之一。2021年7月16日，全国碳排放权交易市场上线交易正式启动。全国碳市场的发展成效逐步彰显，企业碳排放管理能力有效提升，行业减排效果逐步显现。2023年全国碳市场碳排放配额年度成交量达到2.12亿吨，成交额为144.44亿元，其中挂牌协议交易成交额为25.69亿元，大宗协议交易成交额为118.75亿元。市场成交均价为68.15元/吨，较2022年市场成交均价上涨23.24%。

2024年5月，国务院印发的《2024—2025年节能降碳行动方案》指出，到2025年要实现非化石能源消费占比达20%左右，重点领域和行业节能降碳改造形成节能量约5 000万吨标准煤、减排二氧化碳约1.3亿吨，尽最大努力完成“十四五”节能降碳约束性指标。这些政策和行动方案的发布与实施，将进一步促进电力行业的绿色转型，为实现碳达峰碳中和目标奠定坚实基础。

1.2.3　煤电碳捕集技术

2024年8月29日，国务院新闻办公室发布的《中国的能源转型》白皮书中的专栏6介绍了中国电力行业在化石能源领域开展碳捕集、利用与封存（CCUS）试点案例的情况，以及由国家能源集团自主研发、设计、建设的亚洲最大50万吨/年煤电CCUS工程在国家能源集团泰州发电有限公司（简称江苏泰州电厂）成功投运。

江苏泰州电厂CCUS项目以泰州电厂4号百万机组烟气为原料，进行二氧化碳捕集、利用与封存，捕集率大于90%，每年可捕集消纳二氧化碳50万吨，产出干基二氧化碳纯度达99.94%。示范工程于2021年12月完成初步设计，2022年3月开工建设，2022年12月完成主要设备安装，2023年6月正式投运。

2 安全充裕

2.1 电力供需平衡情况

2023年，电力系统经受住了上半年来水偏枯、夏季多轮高温、冬季大范围极端严寒天气等考验，电力行业全力以赴保安全、保民生、保重点供电。电力系统保持稳定运行，电力供需总体平衡。

华北区域电力供需总体平衡。其中，内蒙古电力集团用电负荷快速增长，电力供需形势持续紧张，通过强化火电机组检修计划管理、优化输变电检修计划管理、加强省间互济、采取需求侧管理等措施，大幅缓解了全网供电紧张局面，未触发有序用电机制，守牢了民生用电安全底线；山西、山东、河北在2024年12月强寒潮天气期间受用电负荷激增、新能源开发等叠加影响，电力供需形势偏紧。

东北区域电力供需总体平衡。国网辽宁省电力有限公司供需总体呈现“用电需求超预期增长、供给能力提升有限、关键时段偏紧”的态势，迎峰度夏期间，部分时段电力供需形势偏紧，通过发挥黑龙江与吉林“北电南送”、辽宁负荷中心优势和大电网互济作用，积极开展联络线日内应急支援，有效保障电网安全稳定运行。

华东区域电力供需紧平衡。福建2024年8月电力供需紧平衡，其余月份均有一定盈余；江苏、浙江、安徽在夏季以及冬季部分时段电力供需形势偏紧。12月强寒潮雨雪天气期间，江苏等省级行政区在个别时段采取了需求响应措施，其中江苏深挖多元化负荷资源，通过需求响应最大错峰565万千瓦，有效保障了电网安全稳定运行。

华中区域电力供需总体平衡。部分时段国网江西省电力有限公司供应偏紧，大力争取送电省级行政区支持，多渠道提升网间电力受入水平，通过省级行政区之间现货和区内交易等方式临时增购省外电力，最大增购电力421万千瓦，保障了电力系统安全稳定运行。

西北区域电力供需总体平衡。度夏和度冬期间，陕西、甘肃、新疆等电网在极端天气、新能源出力极小等情况下存在不同情况的电力缺口，经西北网局调度中心统筹，采用储能顶峰、配套电源支援及各省（区）错峰互济支援等措施后，全网电力平衡，未触发有序用电机制。

西南区域电力供需总体平衡。四川部分时段电力系统调节能力不足，用电最大峰谷差已超2 000万千瓦，而火电调节能力仅约550万千瓦，大部分水电丰水期发电近似“直线”，部分时段发、用电平衡较为困难。

南方区域电力供需形势偏紧。云南、贵州在上半年部分时段电力供需形势紧张，云南、贵州年初水电蓄能不足，叠加上半年降水持续偏少，以及部分时段电煤供应偏紧、电煤热值下降等因素综合影响，导致电力供应紧张。广东全力挖掘供电能力，推动建立“黔电送粤”“云电送粤”分电到厂机制，保障“西电东送”计划电量有效落实，全年电力供应安全平稳，未启用需求响应及有序用电机制。

2.2 电力保供

2.2.1 电力可靠性水平持续提升

2023年，在发电方面，纳入电力可靠性统计的机组合计142 001万千瓦。其中，水电机组等效可用系数为92.38%，比上年上升0.43个百分点；燃煤机组可靠性指标总体维持在较高水平，等效可用系数为91.73%，比上年上升0.22个百分点；燃气轮机组运行可靠性指标总体稳中有升，等效可用系数为92.90%，比上年上升0.28个百分点；核电机组运行可靠性指标总体略有下降，等效可用系数为89.35%，比上年下降0.33个百分点；风电机组运行可靠性指标总体稳中有升，等效可用系数为98.76%，比上年上升1.19个百分点。在输变电方面，纳入电力可靠性统计的220千伏及以上电压等级11类输变电设施的可用系数保持在99.36%以上。在供电方面，全国供电系统用户平均供电可靠率为99.911%，比上年提高了0.015个百分点；用户平均停电时间7.82小时/户，比上年减少了1.28小时/户；用户平均停电频率2.28次/户，比上年减少0.33次/户。

2.2.2 守住了电力保供的底线

2023年，电力行业在党和政府的领导下，深化巩固央地（中央与地方）协同、政企协同、厂网协同、区域协同的保供措施，持续提升电力保供能力，有效化解重大供电安全风险。有力应对了十年最枯、四季连旱、煤炭产能受限等严峻考验，保安全、保供电、保民生、保重点，守住了不发生拉闸限电的底线。

2.3 电力投资

2.3.1 电源投资

2023年，全国主要电力企业[1]电源工程建设完成投资10 225亿元，同比增长37.7%。其中，非化石能源发电投资同比增长39.2%，占电源总投资的89.2%；水电投资1 029亿元，同比增长18.0%；火电投资1 124亿元，同比增长25.6%；核电投资1 003亿元，同比增长27.7%；风电投资2 753亿元，同比增长36.9%；太阳能发电投资4 316亿元，同比增长50.7%。

2014—2023年全国电源工程建设完成投资及增速情况见图2–1；2022年、2023年分电源类型工程建设完成投资及增速情况见图2–2。

2.3.2 电网投资

2023年，全国主要电力企业电网工程建设完成投资5 277亿元，同比增长

[1] 本报告中电力投资（含电源投资、电网投资）均为主要电力企业电力工程建设投资。其中，全国主要电网企业指国家电网有限公司（简称“国家电网”）、中国南方电网有限责任公司（简称“南方电网”）、内蒙古电力（集团）有限责任公司（简称“内蒙古电力集团”）；全国主要发电企业指中国华能集团有限公司（简称“中国华能”）、中国大唐集团有限公司（简称“中国大唐”）、中国华电集团有限公司（简称“中国华电”）、国家能源投资集团有限责任公司（简称“国家能源集团”）、国家电力投资集团有限公司（简称“国家电投”）、中国长江三峡集团有限公司（简称“中国三峡集团”）、中国核工业集团有限公司（简称“中核集团”）、中国广核集团有限公司（简称“中广核”）、广东省能源集团有限公司（简称“广东能源”）、浙江省能源集团有限公司（简称“浙能集团”）、北京能源集团有限责任公司（简称“京能集团”）、申能股份有限公司（简称“申能股份”）、河北建设投资集团有限责任公司（简称“河北建投”）、华润电力控股有限公司（简称“华润电力”）、国投电力控股股份有限公司（简称“国投电力”）、新力能源开发有限公司（简称“新力能源”）、甘肃省电力投资集团有限责任公司（简称“甘肃电投”）、安徽省能源集团有限公司（简称“皖能股份”）、江苏省国信集团有限公司（简称“江苏国信”）、广州发展集团股份有限公司（简称“广州发展”）、深圳能源集团股份有限公司（简称“深圳能源”）、晋能控股山西电力股份有限公司（简称“晋控电力”）；全国主要电建企业指中国电力建设集团有限公司（简称“中国电建”）、中国能源建设集团有限公司（简称“中国能建”）。

图2-1　2014—2023年全国电源工程建设完成投资及增速情况

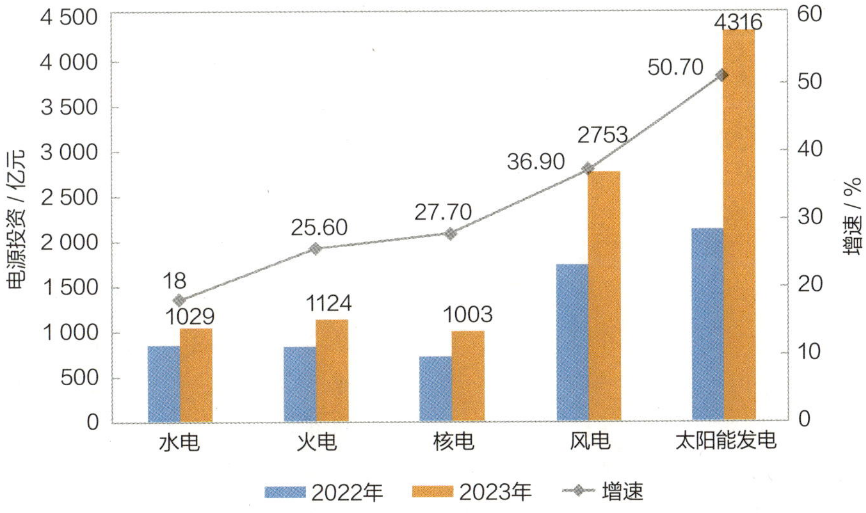

图2-2　2022年、2023年分电源类型工程建设完成投资及增速情况

5.4%。其中，直流工程145亿元，同比下降53.9%；交流工程4 987亿元，同比增长10.7%，占电网总投资的94.5%。按电压等级情况来看，220千伏及以上电压等级电网完成投资2 212亿元，同比增长7.0%；220千伏和500千伏电网完成投资金额均超600亿元，分别为892亿元和677亿元。

2014—2023年全国电网投资及增速情况见图2-3；2022年、2023年全国220千伏及以上电压等级电网完成投资及增速情况见图2-4。

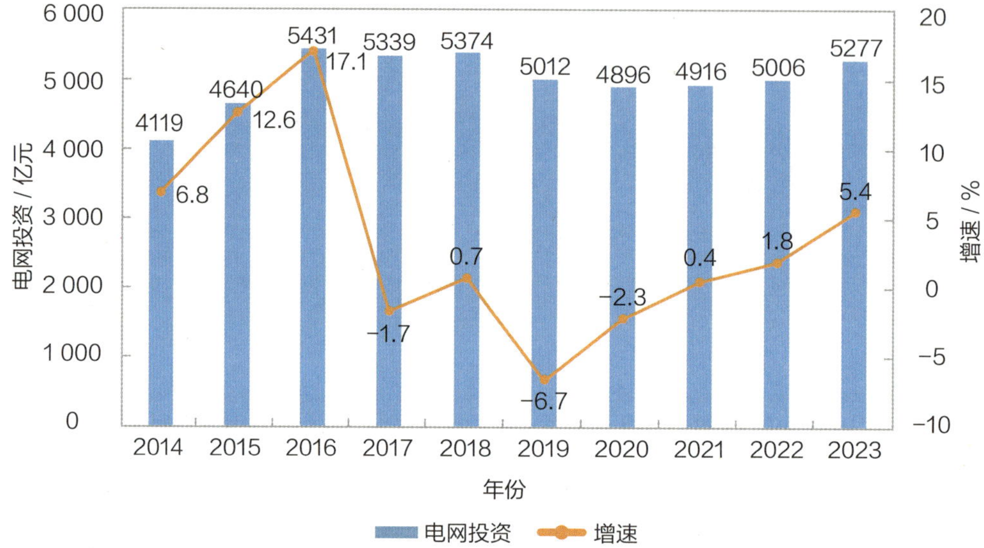

图2-3　2014—2023年全国电网投资及增速情况

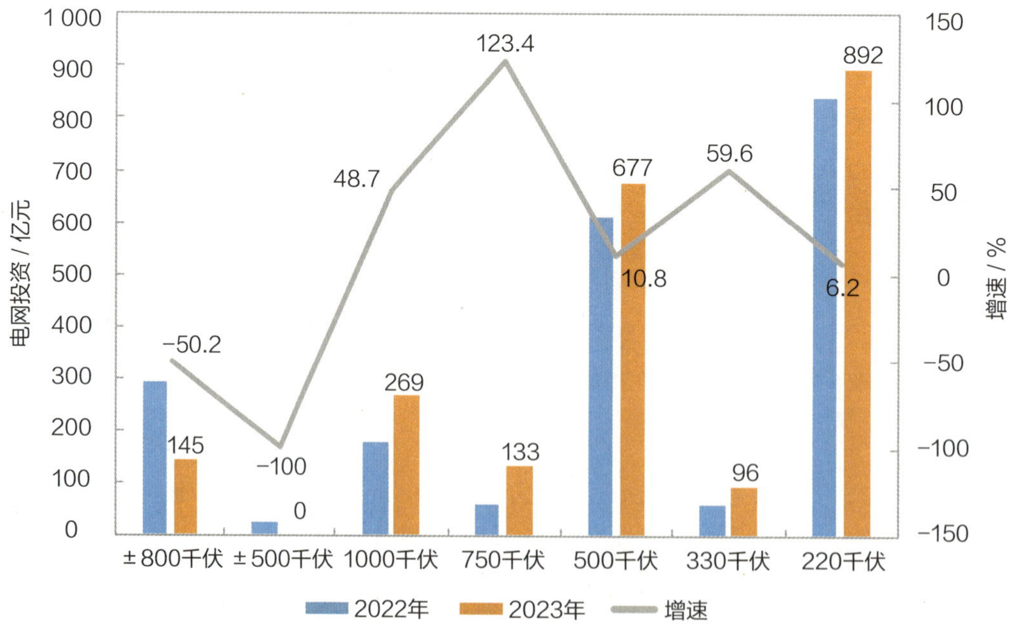

图2-4　2022年、2023年全国220千伏及以上电压等级电网完成投资及增速情况

3 经济高效

3.1 新能源发展成本不断降低

3.1.1 新能源造价

根据《2024年版中国电力行业造价管理年度发展报告》，2023年，陆上风电工程单位造价水平约为4 723元/千瓦（不含送出线路、配套储能），较2022年下降9.47%；海上风电工程（近海海域[1]）的单位造价水平约为12 133元/千瓦，较2022年下降8.40%；集中式光伏发电工程（不含送出线路、配套储能）单位造价水平约为3 813元/千瓦，较2022年下降10.05%。

（1）陆上风力发电工程单位造价指数

从图3-1中可以看出，2011—2023年陆上风电工程单位造价水平整体呈现下降态势。

1 离岸距离50千米以内且水深50米以内。

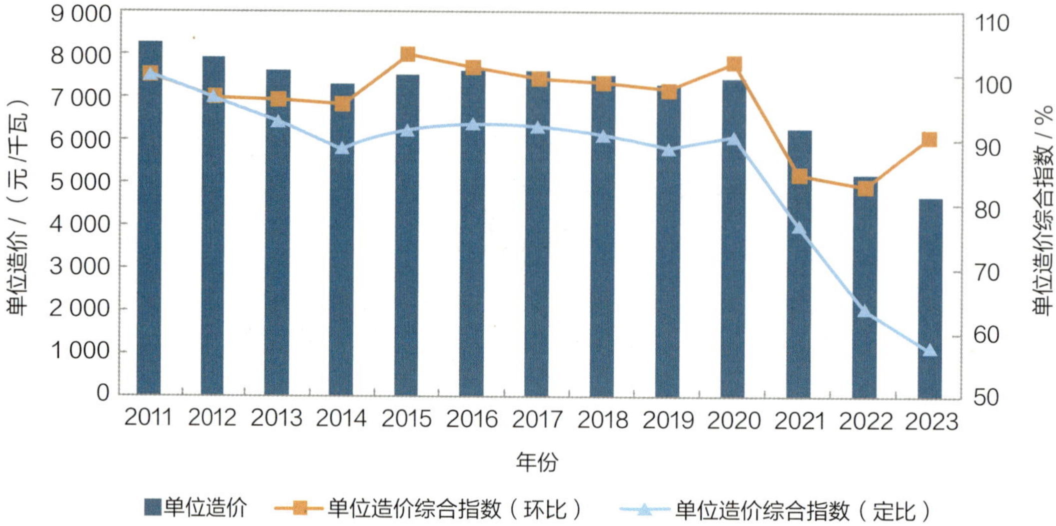

图3-1　2011—2023年陆上风电发电工程单位造价及其综合指数变化情况

（2）海上风力发电工程单位造价指数

从图3-2中可以看出，2016—2023年，海上风电工程单位造价水平整体波动较大，呈现先下降、后上升、再下降的趋势。[1]

（3）光伏发电工程单位造价指数

从图3-3可以看出，2011—2023年，光伏发电工程单位造价水平整体呈现下降趋势。

3.1.2　新能源上网电价

2023年，新能源电站继续执行《国家发展改革委关于2021年新能源上网电价政策有关事项的通知》（发改价格〔2021〕833号）的相关要求，即自2021年起，对新备案集中式光伏电站、工商业分布式光伏项目和新核准陆上风电项

1　基于海上风电工程造价基本数据的获取情况，海上风电工程造价定比指数以2016年为基期。

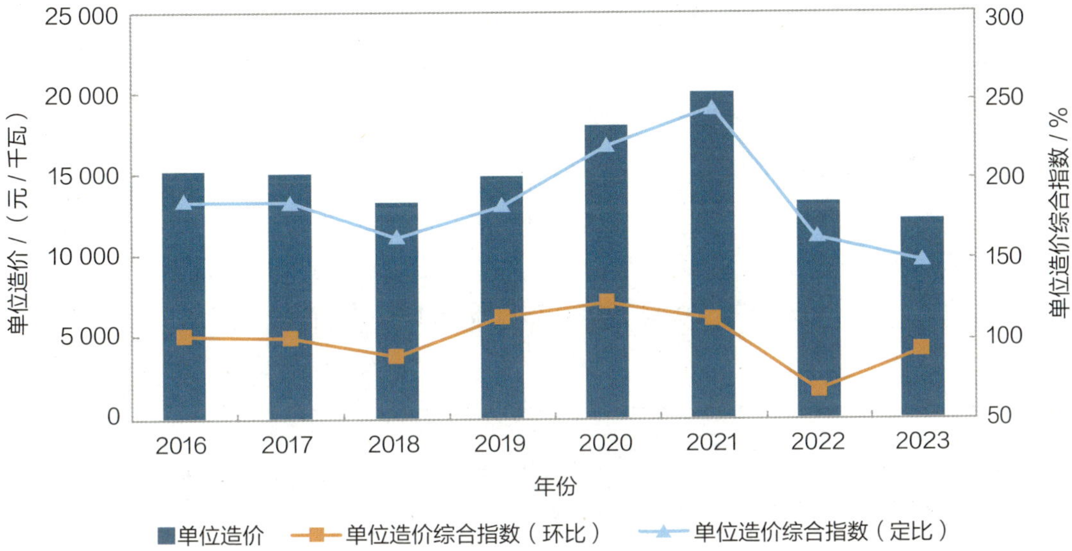

图3-2　2016—2023 年海上风电发电工程单位造价及其综合指数变化情况

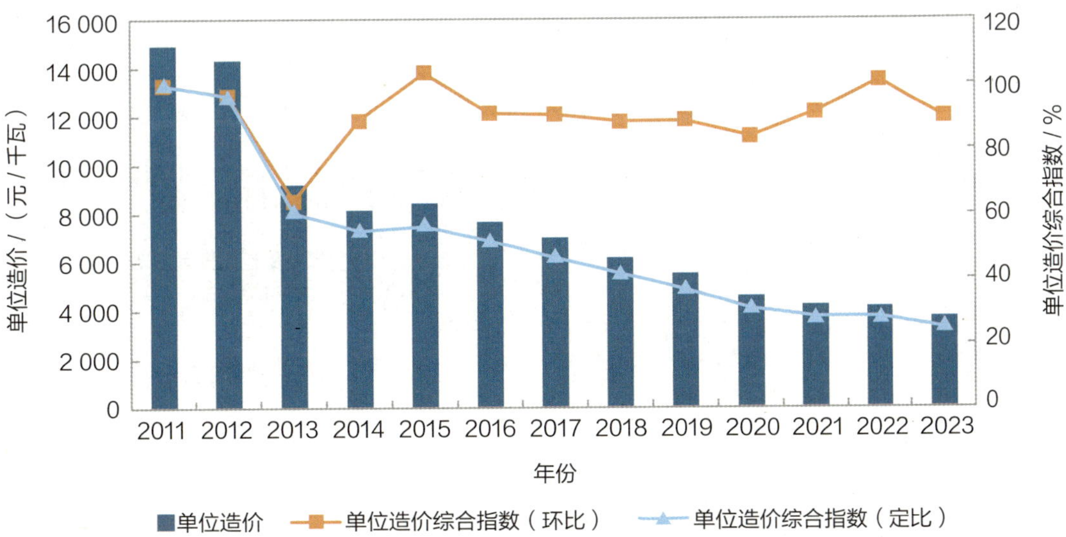

图3-3　2011—2023年光伏发电工程单位造价及其综合指数变化情况

目，中央财政不再补贴，实行平价上网。2021年新建项目上网电价按当地燃煤发电基准价执行。新建项目可自愿通过参与市场化交易形成上网电价，以更好体现光伏发电、风电的绿色电力价值。

（1）陆上风电指导价

2015—2020年并网的陆上风电指导价见表3-1。

表3-1 2015—2020年并网的陆上风电指导价

单位：元/（千瓦·时）（含税）

资源区	陆上风电指导价					各资源区所包括的地区
	2015年	2016年	2018年	2019年	2020年	
Ⅰ类资源区	0.49	0.47	0.4	0.34	0.29	内蒙古自治区除赤峰市、通辽市、兴安盟、呼伦贝尔市以外的其他地区；新疆维吾尔自治区乌鲁木齐市、伊犁哈萨克自治州、克拉玛依市、石河子市
Ⅱ类资源区	0.52	0.5	0.45	0.39	0.34	河北省张家口市、承德市；内蒙古自治区赤峰市、通辽市、兴安盟、呼伦贝尔市；甘肃省嘉峪关市、酒泉市；云南省
Ⅲ类资源区	0.56	0.54	0.49	0.43	0.38	吉林省白城市、松原市；黑龙江省鸡西市、双鸭山市、七台河市、绥化市、伊春市以及大兴安岭地区；甘肃省除嘉峪关市、酒泉市以外的其他地区；新疆维吾尔自治区除乌鲁木齐市、伊犁哈萨克自治州、克拉玛依市、石河子市以外的其他地区；宁夏回族自治区
Ⅳ类资源区	0.61	0.6	0.57	0.52	0.47	除Ⅰ、Ⅱ、Ⅲ类资源区以外的其他地区

数据来源：国家发展改革委。

（2）光伏电站指导价

2017—2020年并网的光伏电站指导价见表3-2。

表3-2　2017—2020年并网的光伏电站指导价

单位：元/（千瓦·时）（含税）

<table>
<tr><th rowspan="2">资源区</th><th rowspan="2">2017年</th><th colspan="2">2018年</th><th colspan="2">2019年</th><th colspan="2">2020年</th><th rowspan="2">各资源区所包括的地区</th></tr>
<tr><th>集中式光伏电站</th><th>村级光伏扶贫电站</th><th>集中式光伏电站</th><th>村级光伏扶贫电站</th><th>集中式光伏电站</th><th>村级光伏扶贫电站</th></tr>
<tr><td>Ⅰ类资源区</td><td>0.65</td><td>0.50</td><td>0.65</td><td>0.40</td><td>0.65</td><td>0.35</td><td>0.65</td><td>宁夏回族自治区，青海省海西州，甘肃省嘉峪关市、武威市、张掖市、酒泉市、敦煌市、金昌市，新疆维吾尔自治区哈密市、塔城市、阿勒泰市、克拉玛依市，内蒙古自治区除赤峰市、通辽市、兴安盟、呼伦贝尔市以外地区</td></tr>
<tr><td>Ⅱ类资源区</td><td>0.75</td><td>0.60</td><td>0.75</td><td>0.45</td><td>0.75</td><td>0.4</td><td>0.75</td><td>北京市，天津市，黑龙江省，吉林省，辽宁省，四川省，云南省，内蒙古自治区赤峰市、通辽市、兴安盟、呼伦贝尔市，河北省承德市、张家口市、唐山市、秦皇岛市，山西省大同市、朔州市、忻州市、阳泉市，陕西省榆林市、延安市，青海省，甘肃省，新疆维吾尔自治区除I类资源区外其他地区</td></tr>
<tr><td>Ⅲ类资源区</td><td>0.85</td><td>0.70</td><td>0.85</td><td>0.55</td><td>0.85</td><td>0.49</td><td>0.85</td><td>除Ⅰ、Ⅱ类资源区以外的其他地区</td></tr>
</table>

数据来源：国家发展改革委。

3.2　全面提升“获得电力”服务水平

2020年，国家发展改革委、国家能源局联合印发《关于全面提升“获得电力”服务水平　持续优化用电营商环境的意见》（发改能源规〔2020〕1479号），要求2022年底前，在全国范围内实现居民用户和低压小微企业用电报装“零上门、零审批、零投资”（“三零”）服务，高压用户用电报装“省力、省时、省钱”（“三省”）服务。全面推行用电报装“三零”“三省”服务以来，累计为用户节省办电投资超过1 500亿元。根据世界银行发布的“获得电力”指标的世界排名，中国仅用5年时间就从第98位大幅上升至第12位，跻身“全球最佳实践行列”。

3.3 电力供给价格水平保持基本稳定

总体电价走势平稳。自2003年以来，风电和光伏发电的上网电价经历了多次调整，反映出技术进步和成本降低的趋势。特别是在光伏发电领域，得益于技术革新和规模经济效应，光伏发电价格从2011年的1.15元/（千瓦·时）逐步下降至2020年后的较低水平。同时，政府加强对可再生能源的持续支持，使电价附加逐步提高。随着可再生能源发电成本的持续降低，国家不断调整电价政策，逐步取消了对绝大部分新建新能源发电项目的补贴。2023年，燃煤发电基准价继续沿用2019年的市场化机制，各省基准价水平保持稳定。在这一机制下，煤电机组通过市场交易形成价格，2023年全国燃煤发电机组市场平均交易价格为0.449 6元/（千瓦·时），与2022年基本持平。尽管市场机制允许价格波动，但整体电价水平保持稳定，反映出电力市场的有效性和电力供给的稳定性。

2003—2023年中国电力上网电价与政策变化趋势如图3-4所示。

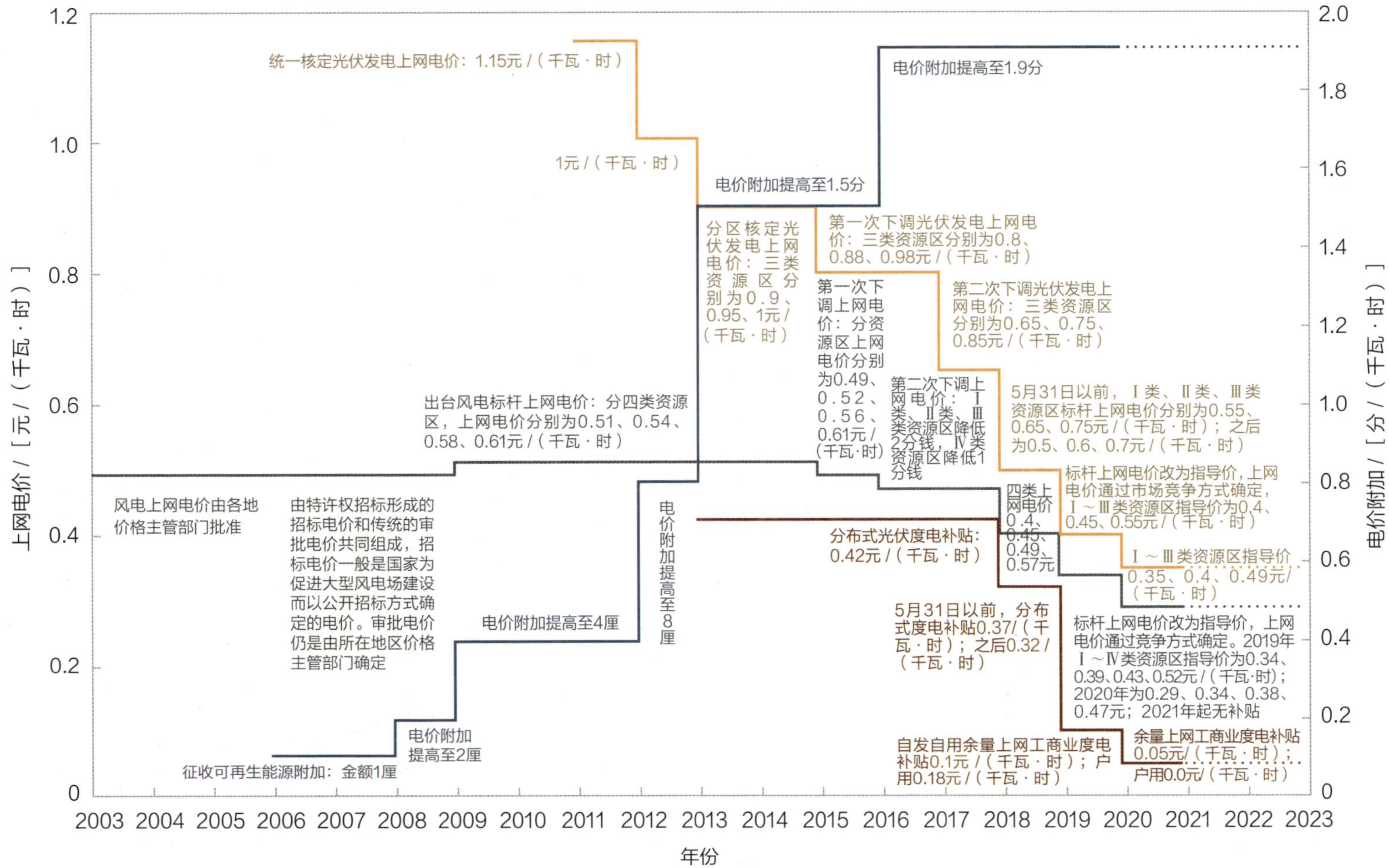

图3-4　2003—2023年中国电力上网电价与政策变化趋势

4 供需协同

4.1 加大电力需求响应及需求侧管理力度

国家和地方电力主管部门及电力行业企业从推动市场化需求响应、促进节能降耗、扩大绿电消费、保障电力安全等方面不断丰富电力需求侧管理实践，全社会电力电量节约成效显著，电力需求侧管理在提高需求侧资源调节控制能力、维持电力系统功率平衡、推动电能替代、可再生能源消纳以及电力系统智能化发展等方面取得积极成效。

电力需求响应方面。为促进新能源消纳和应对局部地区电力供需紧张，各电网公司开展填谷需求响应。例如，2023年，国网天津市电力公司、国网山东省电力公司配合政府开展填谷需求响应16天，最大填谷响应规模181.8万千瓦；国网江苏省电力公司、国网四川省电力公司配合政府开展需求响应7天，最大响应规模565.2万千瓦；内蒙古电力集团2023年实施需求响应33次，通过电力现货市场获取需求响应收益，助力电网供需平衡调节，发挥虚拟电厂自主调节功能。

节约用电方面。2023年，国家电网、南方电网、内蒙古电力集团等累计节约电力519.44万千瓦，节约电量224.9亿千瓦·时。其中，国家电网节约电力

421.90万千瓦，节约电量178.08亿千瓦·时；南方电网节约电力91.82万千瓦，节约电量39.26亿千瓦·时；内蒙古电力集团节约电力5.72万千瓦，节约电量7.56亿千瓦·时。

有序用电方面。各电网企业大力开展新型负荷管理系统功能建设，扎实开展负荷资源排查专项行动，推动负荷多维监测能力提升，打造空调负荷管理、分时电价引导、负荷措施执行的有效监测和评价体系，有效支撑虚拟电厂运营商、负荷聚合商等第三方系统接入，实现资源常态化管理和执行监测。加强对新型主体服务管理。加强对分布式光伏、电动汽车、储能、虚拟电厂、负荷聚合商等新型主体的规范管理和服务，组织在技术应用、市场机制、管理模式等方面积极探索创新，加强对分布式光伏、储能等新型主体的规范化管理和服务。

智能用电方面。随着科技的发展和智能化技术的广泛应用，越来越多的企业和居民开始应用智能用电系统，以提高能源利用效率，降低能源消耗和碳排放。在企业领域，智能用电系统也被广泛应用于各种类型的建筑和设施中，包括车网互动、智能办公楼、智能工厂、智能商业建筑等。这些系统不仅可以实现能源的精准监测和管理，还可以通过智能化控制系统实现能源的有效利用，达到能源和成本的双重节省。

虚拟电厂方面。近年来，虚拟电厂数量呈现不断增长的趋势，利用先进的数字技术和智能控制系统，将分散的可再生能源、储能设备、传统能源发电设备等整合在一起，实现对电力系统的优化运营。虚拟电厂的发展为电力系统的灵活性、安全性和可靠性提供了新的解决方案，已经成为能源转型的重要组成部分。政府出台了一系列支持虚拟电厂发展的政策和措施，推动了虚拟电厂的规模化建设和商业化运营。各省（区、市）的虚拟电厂项目不断涌现，为电力系统的安全稳定运行和清洁能源消纳提供了新的路径和解决方案。

4.2 深入推进电力市场建设

电力市场化改革深入推进。2023年，煤电容量电价政策出台，初步形成了容量电价回收固定成本、电量电价回收变动成本、辅助服务回收调节成本的煤电价格机制，推动煤电向基础保障性和系统调节性电源并重转型。新能源进入电力市场的节奏进一步加快，全国新能源市场化交易电量为6 845亿千瓦·时，占新能源总发电量的47.3%，全国范围内促进有效竞争的交易规则体系基本形成。积极构建绿电、绿证市场体系，完善交易机制，绿电、绿证交易规模不断扩大。

市场交易规模持续扩大。随着燃煤发电上网电价市场化改革以及电网企业代理购电等政策的落地，燃煤发电计划全面放开，工商业用户通过直接从市场购电或由电网公司代理购电的方式全部进入市场，全国电力市场交易规模迅速扩大。2023年，全国各电力交易中心组织完成市场交易电量56 679.4亿千瓦·时，市场交易电量占全社会用电量的61.4%。市场主体数量显著增加。截至2023年底，我国各电力交易平台累计注册市场主体70.8万家。各类主体市场参与度和技术能力不断提升，对于交易规则的理解更加透彻，能够运用连续交易、合同交易等机会调整交易偏差，有序参与市场交易。电力市场体制机制逐步完善。经过持续深化电力市场建设，目前中国已初步建立“统一开放、竞争有序”的电力市场体系，形成了衔接省间、省内，涵盖中长期、现货、辅助服务的全周期、全品种电力市场体系。

绿色电力交易迈出了新的步伐，交易规模持续扩大。自2017年开始核发和自愿认购绿证，通过多种措施引导绿证市场化交易，2020年提出全面推行绿色电力证书交易，逐步拓大绿证核发范围和交易量，不断促进绿色电力生产和消费。2021年9月启动了绿电交易试点，首场交易共有17个省级行政区的259家市场主体参与，首批共成交电量近80亿千瓦·时，环境溢价约0.03元/（千瓦·时），电力用户覆盖了互联网、化工、能源、食品、生物等多个行业，鼓励引导全社会绿色消费。自绿电、绿证交易启动以来，截至2023年底，全国绿电交易累计成交量954亿千瓦·时，绿证交易累计成交量突破1亿张。

5 灵活智能

5.1 智能电网

数智化技术与新型电力系统技术深度融合。研究和利用大数据、云计算、物联网、人工智能、区块链、5G等新技术，将这些技术进行组合应用于电网智能调度运行控制与智能运维、电力行业数智化发电、火电数智化、核电数智化，以及综合智慧能源系统等不同的场景。推动电力行业自身转型升级和可持续发展。聚焦新一代信息技术和能源电力融合发展，开展能源电力领域数智化共性关键技术研究，推动“源网荷储用”与数智化技术深度融合，引领能源电力产业转型升级，这是构建清洁、低碳、安全、高效能源电力体系的发展方向。

5.2 燃煤电厂灵活性改造

早期煤电设计最小负荷一般是额定容量的70%，后降低至50%额定负荷，再降低至目前新建机组的30%额定负荷。从现有机组的实际统计情况来看，平均最低运行负荷在40%左右，随着系统调节能力需求的增长，现有煤电灵活性的需求增大。2021—2023年，煤电灵活性改造完成超过3亿千瓦，超额完成“三改联动”目标。灵活性改造可选技术多样化，主要集中在五个方面：一是脱硝系统改造，采用宽负荷脱硝技术以满足机组在超低负荷下的氮氧化物超低排放要求；二是低压缸零出力或微出力改造（同时具有供热改造特性），以满足在供热工况下机组的深度调峰需求；三是控制逻辑的优化与改造，以满足超低负荷下机组协调运行及快速升降负荷的需求；四是锅炉的燃烧系统改造，以满足锅炉在机组超低负荷下保持稳定燃烧的需要；五是复合型改造，一般是指采用3种及以上的技术来对机组进行灵活性改造，如同时采用燃烧系统改造技术、宽负荷脱硝技术和控制系统改造技术等。煤电机组改造升级技术统计具体如图5-1所示。

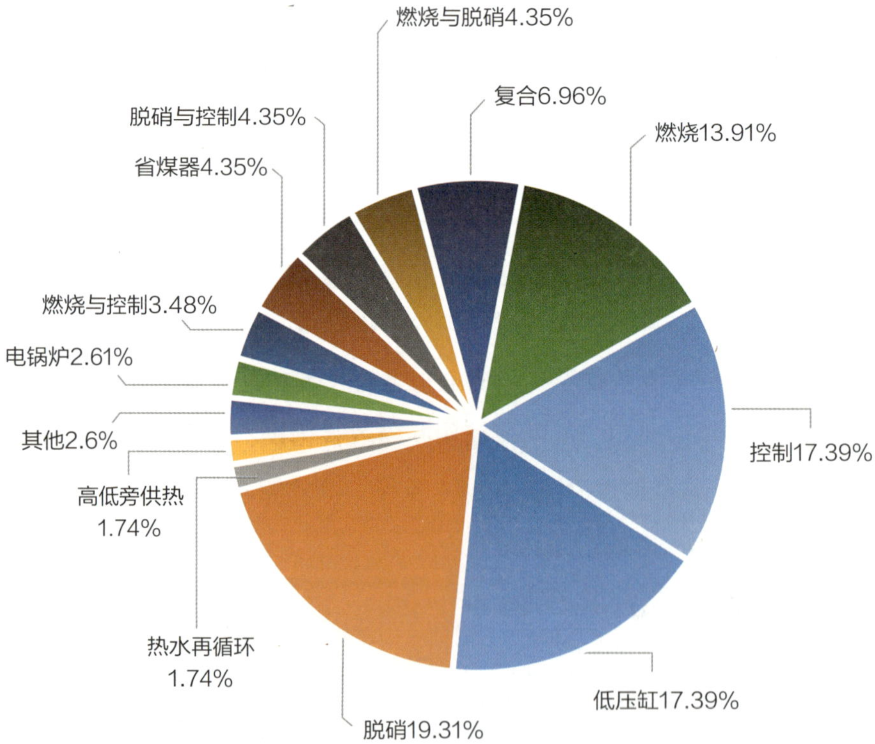

图5-1　煤电机组改造升级技术统计

从改造效果来看，在煤电改造升级调查范围内，机组改造前稳定运行情况下的容量加权最小出力负荷率为41.6%，经过灵活性改造后，机组在稳定运行情况下的最小出力负荷率平均值降至28.9%，如图5–2所示。这相当于每台机组释放的调峰能力为其容量的12.7%。

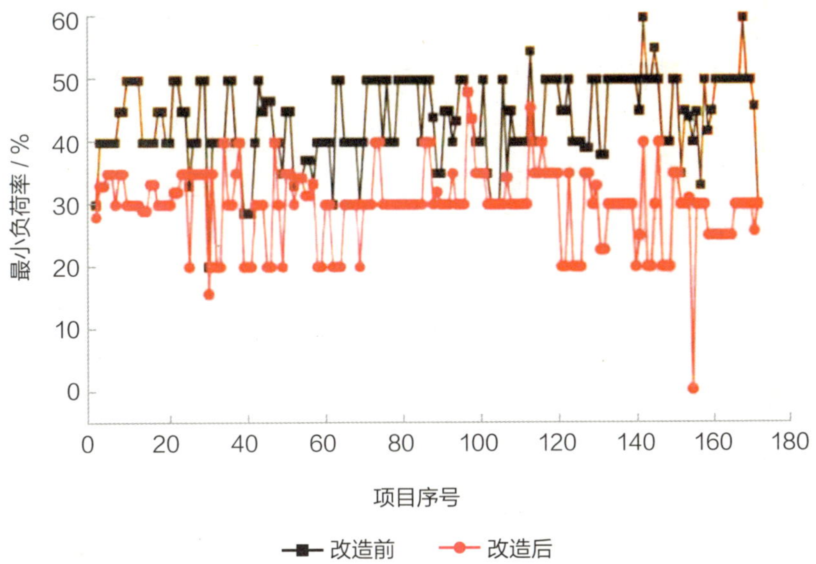

图5–2　机组灵活性改造效果

由图5–2可知，有个别机组在运行过程中实现了0负荷并网，这是由于该机组为供热机组，并安装了电锅炉，在电网调度负荷为0时，为保持供热需求，利用电锅炉对发电机功率进行消纳，从而实现在供热工况下的0负荷并网。

不同的灵活性改造技术在深度调峰机组的爬坡性能上并不相同，从目前的技术发展来看，采用电池、超级电容、飞轮等储能技术实现灵活性运行的机组调峰、调频速度较快，甚至可以达到毫秒级的反应速度。而其他改造技术受热惯性或材料热胀冷缩的影响，调峰速度相对较慢。

5.3 新型储能建设

储能技术呈现多元化发展趋势。截至2023年底，中国已建成投运新型储能项目累计装机规模达3 139万～6 687万千瓦。锂离子电池储能在全国新型储能装机中占比达90%以上。在新型储能产品中，锂离子电池是储能调频市场的主流技术；钠离子电池具有资源丰富、性价比高、安全性好等优点，将在中低速电动车及大规模储能领域有广泛应用的潜力；全钒液流电池是技术成熟度最高的液流电池之一，且我国拥有资源方面的优势；压缩空气储能技术具有储能容量大、储能周期长、系统效率高、运行寿命长等优势，适用于长时储能和大规模物理储能；飞轮储能较传统储能拥有充放电更快、寿命更长等优势；其他新型的电化学、物理储能技术等均具有各自的优势。通过技术迭代及实践检验，优选出适用于不同场景的、性价比优良的技术设备以及商业模式，是当前中国新型储能技术推进的重点工作。

5.4 电网友好型发电技术

可再生能源发电技术实现跨越式发展。可再生能源技术装备的关键零部件基本实现国产化，光伏发电、风电等产业化技术和关键设备与世界发展同步，相关新增专利数量居于国际前列，并构建了具有国际先进水平的完整产业链。中国已成为世界第一大风电和光伏发电设备生产国。可再生能源相关产业作为战略性新兴产业，已经成为新疆、内蒙古、甘肃等风、光资源大省（区）的支柱性产业，在优化当地经济结构、贡献财政收入及创造就业机会等方面发挥了重要作用。

陆上风电技术达到世界先进水平，海上风电技术攻关及示范有序推进。从叶片到塔架，从齿轮箱到发电机，中国已成为全球最大的风电零部件制造供应链基地。近年来，作为全球首个国际化大功率海上风电试验场，海峡发电有限责任公司投建的福清兴化湾海上风电（样机试验风场）项目创造了中国海上风电机型最多、机型最新、单机最大的纪录，中国海上风电产业链也逐步走向完善。近年来，中国风电行业创新提出了“低风速”概念，主动向中东部和南方等接近负荷中心的地区进行产业布局。中国低风速开发正引领世界风电向着更长叶片、更高塔架、定制化设计、全生命周期的技术挖掘与优化整合方向发展。

光伏发电产业链各环节技术不断提高。从2013年开始，国内光伏制造市场大规模启动，已形成完备的光伏产品生产制造全产业链，硅料、硅片、电池片、组件四个主要生产环节产量均连续多年位居全球领先。中国光伏电池产业化量产技术水平已处于世界领先地位。新型高效电池技术（钝化发射极和背面电池技术、异质结电池技术、背接触电池技术等）与高效组件技术（叠瓦组件技术、半片电池组件技术、金属穿孔卷绕技术、双面发电组件等）均得到快速发展，产业化水平不断提高，部分技术已具备一定规模化生产能力及较强的国际竞争力。2023年1—10月，中国多晶硅料、硅片、电池片、组件的产量分别达到108万吨、440吉瓦、393吉瓦、360吉瓦，处于世界领先地位。多晶硅片、电池片、组件各环节主要设备已基本实现国产化。

中国水电工程建造技术再创佳绩。建成了世界最高混凝土双曲拱坝的锦屏一级水电站、深埋式长隧洞的锦屏二级水电站、装机规模世界第三的溪洛渡水电站、地质条件复杂的大岗山水电站。一批高水平水坝工程相继建成投产，坝工技术取得多项重大突破。200米级、300米级高坝等技术指标刷新行业纪录，攻克了世界领先的复杂地质条件下300米级特高拱坝技术；水工建筑物抗震防震、复杂基础处理、高边坡治理等多个领域的技术水平国际领先；地下工程技术日趋成熟，设计理论和方法不断发展。常规水电机组制造能力不断提高，并保持世界领先水平。中国自主制造了单机容量80万千瓦混流式水轮发电机组，白鹤滩水电站拥有世界单机容量最大功率100万千瓦的混流式水轮发电机组；制造并安装了500米级水头、单机容量35万千瓦抽水蓄能机组成套设备，阳江抽水蓄能电站拥有自主化设计制造的40万千瓦级、700米级超高水头超大容量抽水蓄能机组，并形成了具有自主知识产权的核心技术。

煤电清洁高效技术不断创新。中国建成了全球最大的清洁煤电体系，超超临界火电技术广泛应用，投运机组数量居世界首位。通过机组参数升级改造、超超临界燃煤发电机组二次再热技术、余热余压尾气等余能回收技术、宽负荷脱硝复合循环改造技术等针对现役煤电机组开展的节能降耗改造、供热改造和灵活性改造（“三改联动”），有效促进了煤电清洁低碳转型。

第二部分

新型电力系统政策进展及分析

6 政策进展

6.1 政策体系框架

自2021年首次提出新型电力系统以来，国家层面发布了多项政策法规，涵盖顶层设计、电源侧、电网侧、负荷侧、储能领域、技术装备、市场和监管机制等方面，逐步形成促进和支撑新型电力系统构建的政策体系框架，见图6–1。

6.2 顶层设计文件

在全球应对气候变化、推动能源结构转型、满足经济社会发展需求、促进技术创新等多方面背景下，新型电力系统理念逐步清晰明确并不断深化发展。追本溯源，2014年6月13日，习近平总书记在中央财经领导小组第六次会议上提出“四个革命、一个合作”能源安全新战略，明确了推动能源生产和消费革命、确保能源安全、促进清洁低碳发展、加强科技创新、深化体制改革、积极开展国际合作等要求。这些要求都蕴含着新型电力系统的理念、框架和基本要求。

顶层指导

2014年6月：习近平“四个革命、一个合作”能源安全新战略；
2021年9月：《中共中央　国务院关于完整准确全面贯彻新发展理念做好碳达峰碳中和工作的意见》；
2021年10月：《2030年前碳达峰行动方案》；
2022年10月：党的二十大报告；
2021年3月：中央财经委员会第九次会议，首次提出“新型电力系统”；
2023年7月：中央全面深化改革委员会第二次会议，审议通过《关于深化电力体制改革加快构建新型电力系统的指导意见》
……

综合性规划及方案

2022年1月：国家发展改革委　国家能源局印发《“十四五”现代能源体系规划》；
2022年5月：国家发展改革委　国家能源局《关于促进新时代新能源高质量发展的实施方案》；
2024年7月：国家发展改革委　国家能源局、国家数据局印发《加快构建新型电力系统行动方案（2024—2027年）》
……

源网荷储的政策要求

电源侧

煤电（聚焦“三改”，发挥系统调节作用）：
2021年10月：国家发展改革委　国家能源局印发《全国煤电机组改造升级实施方案》；
2024年6月：国家发展改革委　国家能源局印发《煤电低碳化改造建设行动方案（2024—2027年）》；
2024年7月：《国家能源局关于加强煤电机组灵活性改造和深度调峰期间安全管理的通知》；
可再生能源（大力发展，促进消纳）：
2021年7月：《国家发展改革委　国家能源局关于鼓励可再生能源发电企业自建或购买调峰能力增加并网规模的通知》；
2021年10月：国家发展改革委等印发《“十四五”可再生能源发展规划》；
2022年9月：《国家发展改革委办公厅 国家能源局综合司关于促进光伏产业链健康发展有关事项的通知》；
2023年6月：《国家能源局关于印发〈风电场改造升级和退役管理办法〉的通知》；

电网侧

完善电网运行（完善规则，强化管理）：
2021年12月：国家能源局印发《电力并网运行管理规定》；
2021年12月：国家能源局印发《电力辅助服务管理办法》；
2024年1月：国家发展改革委　国家能源局印发《关于加强电网调峰储能和智能化调度能力建设的指导意见》；
……
加强配电网建设：
2024年2月：《国家发展改革委　国家能源局关于新形势下配电网高质量发展的指导意见》；
2024年8月：国家能源局印发《配电网高质量发展行动实施方案（2024—2027年）》；
……

需求侧

加强需求侧管理：
2023年9月：国家发展改革委等部门印发《电力需求侧管理办法（2023年版）》；
2023年9月：国家发展改革委等部门印发《电力负荷管理办法（2023年版）》；
……
推动电动汽车融合：
2022年1月：印发《国家发展改革委等部门关于进一步提升电动汽车充电基础设施服务保障能力的实施意见》；
2023年12月：国家发展改革委等印发《关于加强新能源汽车与电网融合互动的实施意见》；
……

储能领域

抽水蓄能：
2021年4月：印发《国家发展改革委关于进一步完善抽水蓄能价格形成机制的意见》；
2023年5月：国家发展改革委印发《关于抽水蓄能电站容量电价及有关事项的通知》；
……
新型储能：
2021年7月：印发《国家发展改革委　国家能源局关于加快推动新型储能发展的指导意见》；
2022年1月：国家发展改革委　国家能源局印发《“十四五”新型储能发展实施方案》；
2022年5月：《国家发展改革委办公厅　国家能源局综合司关于进一步推动新型储能参与电力市场和调度运用的通知》；
……

支撑性政策

技术装备

产业发展：
2021年11月：国家能源局　科学技术部印发《“十四五”能源领域科技创新规划》；
2023年12月：国家发展改革委印发《产业结构调整指导目录（2024年本）》；
……
示范工程：
2023年8月：国家发展改革委等部门印发《绿色低碳先进技术示范工程实施方案》；
2024年3月：国家发展改革委办公厅印发《绿色低碳先进技术示范项目清单（第一批）》；
……
更新改造：
2024年8月：国家发展改革委办公厅　国家能源局综合司印发《能源重点领域大规模设备更新实施方案》；
……

市场机制

市场运行：
2022年1月：《国家发展改革委　国家能源局关于加快建设全国统一电力市场体系的指导意见》；
2023年9月：《电力现货市场基本规则（试行）》；
2024年7月：《电力中长期交易基本规则——绿色电力交易专章》；
……
价格机制：
2021年10月：《国家发展改革委关于进一步深化燃煤发电上网电价市场化改革的通知》；
2023年11月：《国家发展改革委　国家能源局关于建立煤电容量电价机制的通知》；
2024年1月：《国家发展改革委　国家统计局　国家能源局关于加强绿色电力证书与节能降碳政策衔接大力促进非化石能源消费的通知》；
2024年2月：《国家发展改革委　国家能源局关于建立健全电力辅助服务市场价格机制的通知》；
……

监督机制及其他

电力：
2021年3月：国家能源局综合司印发《清洁能源消纳情况综合监管工作方案》；
2022年5月：国家能源局印发《燃煤发电厂贮灰场安全监督管理规定》；
2022年10月：国家能源局印发《水电站大坝工程隐患治理监督管理办法》；
2023年5月：《国家能源局关于开展电力领域综合监管工作的通知》；
2023年5月：《国家能源局关于开展电力系统调节性电源建设运营综合监管工作的通知》；
……
其他机制：
2021年2月：《关于引导加大金融支持力度 促进风电和光伏发电等行业健康有序发展的通知》；
2022年1月：《国家发展改革委　国家能源局关于完善能源绿色低碳转型体制机制和政策措施的意见》；
……

图6-1　新型电力系统政策体系框架

2021年3月15日，习近平总书记主持中央财经委员会第九次会议，首次提出“构建以新能源为主体的新型电力系统”，强调了新型电力系统是实现碳达峰碳中和、贯彻新发展理念、推动高质量发展的重要内容。

2021年9月，《中共中央 国务院关于完整准确全面贯彻新发展理念做好碳达峰碳中和工作的意见》发布，强调以绿色低碳发展为引领，推动电力等能源领域低碳转型；加快构建新型能源体系和构建新型电力系统，提高非化石能源比重，大力发展风电和光伏发电；推进电力市场化改革，培育独立市场主体；明确增量配电网等的市场主体地位，完善价格形成机制；加强电力系统的智能化建设，提升电网对可再生能源的消纳能力等。同年10月24日，国务院印发《2030年前碳达峰行动方案》，明确了电力等能源领域在碳达峰行动中的具体任务和目标，提出加快构建新能源占比逐渐提高的新型电力系统，推动清洁电力资源大范围优化配置；大力提升电力系统综合调节能力，加快灵活调节电源建设，引导自备电厂、传统高载能工业负荷、工商业可中断负荷、电动汽车充电网络、虚拟电厂等参与系统调节，建设坚强智能电网，提升电网安全保障水平；积极发展“新能源+储能”源网荷储一体化和多能互补，支持分布式新能源合理配置储能系统；制定新一轮抽水蓄能电站中长期发展规划，完善促进抽水蓄能发展的政策机制，加快新型储能示范推广应用；深化电力体制改革，加快构建全国统一电力市场体系等。

2022年10月，党的二十大报告提出，深入推进能源革命，加强煤炭清洁高效利用，加大油气资源勘探开发和增储上产力度，加快规划建设新型能源体系，统筹水电开发和生态保护，积极安全有序发展核电，加强能源产供储销体系建设，确保能源安全。

2023年7月11日，中央全面深化改革委员会审议通过《关于深化电力体制改革加快构建新型电力系统的指导意见》，明确了构建“清洁低碳、安全充裕、经济高效、供需协同和灵活智能”的新型电力系统的要求。会议强调，要科学合理设计新型电力系统建设路径，在新能源安全可靠替代的基础上，有计划、分步骤逐步降低传统能源比重；要健全适应新型电力系统的体制机制，推动电力技术创新、市场机制创新、商业模式创新；要推动有效市场同有为政府更好结合，不断完善政策体系，做好电力基本公共服务供给。

6.3 综合性规划及方案

2022年1月29日，国家发展改革委、国家能源局印发《“十四五”现代能源体系规划》，对新型电力系统建设提出多方面规划举措，如在电源建设方面，积极推动多种新能源的发展；在推动电力系统适应新能源发展方面，提出推动电力系统向适应大规模高比例新能源方向演进；在促进能源资源市场化配置方面，提出加快构建和完善中长期市场、现货市场和辅助服务市场有机衔接的电力市场体系等；提出大力发展非化石能源，加快发展风电、太阳能发电，全面推进风电和太阳能发电大规模开发和高质量发展，优先就地就近开发利用，加快负荷中心及周边地区分散式风电和分布式光伏建设，推广应用低风速风电技术等。

2022年5月14日，国家发展改革委、国家能源局印发《关于促进新时代新能源高质量发展的实施方案》，提出要统筹发展和安全，坚持先立后破、通盘谋划，更好发挥新能源在能源保供增供方面的作用；创新新能源开发利用模式，加快推进以沙漠、戈壁、荒漠地区为重点的大型风电光伏基地建设，促进新能源开发利用与乡村振兴融合发展，推动新能源在工业和建筑领域的应用，加大力度支持农民利用自有建筑屋顶建设户用光伏，积极推进乡村分散式风电开发；在具备条件的工业企业、工业园区，加快发展分布式光伏、分散式风电，支持工业绿色微电网和源网荷储一体化项目建设，开展新能源电力直供电试点；加快构建适应新能源占比逐渐提高的新型电力系统，全面提升电力系统调节能力和灵活性，着力提高配电网接纳分布式新能源的能力，稳妥推进新能源参与电力市场交易，开展绿色电力交易试点；推广绿色电力证书交易，加强与碳排放权交易市场的有效衔接；支持新能源项目与用户开展直接交易，鼓励签订长期购售电协议；在电力现货市场试点地区，鼓励新能源项目以差价合约形式参与电力市场交易；完善可再生能源电力消纳责任权重制度等。

2024年7月25日，国家发展改革委、国家能源局、国家数据局印发《加快构建新型电力系统行动方案（2024—2027年）》，提出在2024—2027年重点开展9项专项行动，推进新型电力系统建设取得实效。一是电力系统稳定保障行动，包括优化加强电网主网架、提升新型主体涉网性能、推进构网型技术应用、持续提升电能质量；二是大规模高比例新能源外送攻坚行动，包括提高在运输电通道新能源电量占比、开展新增输电通道先进技术应用；三是配电网高质量发展行动，包括组织编制建设改造实施方案、健全配电网全过程管理、制定和修订一批配电网标准、建立配电网发展指标评价体系；四是智慧化调度体系建设行动，包括加强智慧化调度体系总体设计、创新新型有源配电网调度模式；五是新能源系统友好性能提升行动，包括打造一批系统友好型新能源电站、实施一批算力与电力协同项目、建设一批智能微电网项目；六是新一代煤电升级行动，包括开展新一代煤电试验示范、推动新一代煤电标准建设；七是电力系统调节能力优化行动，包括建设一批共享储能电站、探索应用一批新型储能技术；八是电动汽车充电设施网络拓展行动，包括完善充电基础设施网络布局、加强电动汽车与电网融合互动、建立健全充电基础设施标准体系；九是需求侧协同能力提升行动，包括开展典型地区高比例需求侧响应、建设一批虚拟电厂。

6.4 源网荷储的政策要求

在电源侧方面。针对燃煤发电，主要是推进节能降耗改造、供热改造和灵活性改造（“三改联动”），并加强煤电机组灵活性改造和深度调峰期间安全管理，如《国家发展改革委　国家能源局关于开展全国煤电机组改造升级的通知》（发改运行〔2021〕1519号）、《关于进一步提升煤电能效和灵活性标准的通知》（国能综通科技〔2022〕81号）、《国家能源局关于加强煤电机组灵活性改造和深度调峰期间安全管理的通知》（国能发安全〔2024〕58号）

等；同时，提出统筹推进存量煤电机组低碳化改造和新上煤电机组低碳化建设要求，如《国家发展改革委　国家能源局关于印发〈煤电低碳化改造建设行动方案（2024—2027年）〉的通知》（发改环资〔2024〕894号）。

在可再生能源发电方面。通过制定“十四五”发展规划，明确指导方针和发展目标，提出具体发展任务，如《“十四五”可再生能源发展规划》；通过制定可再生能源电力消纳责任权重和重点行业绿色电力消费比例目标、加强绿色电力证书与节能降碳政策衔接、鼓励自建或购买调峰能力等措施促进可再生能源消纳，如《国家发展改革委办公厅　国家能源局综合司关于2024年可再生能源电力消纳责任权重及有关事项的通知》（发改办能源〔2024〕598号）、《国家发展改革委　国家统计局　国家能源局关于加强绿色电力证书与节能降碳政策衔接大力促进非化石能源消费的通知》（发改环资〔2024〕113号）、《国家发展改革委　国家能源局关于鼓励可再生能源发电企业自建或购买调峰能力增加并网规模的通知》（发改运行〔2021〕1138号）等；同时，制定多种鼓励措施促进新能源产业发展，如《国家发展改革委办公厅　国家能源局综合司关于促进光伏产业链健康发展有关事项的通知》（发改办运行〔2022〕788号）、《关于引导加大金融支持力度　促进风电和光伏发电等行业健康有序发展的通知》（发改运行〔2021〕266号）。

在电网方面。制定管理规定或指导意见，规范电网并网运行，并加强电网调峰储能和智能化调度，如《国家能源局关于印发〈电力并网运行管理规定〉的通知》（国能发监管规〔2021〕60号）、《国家发展改革委　国家能源局关于加强电网调峰储能和智能化调度能力建设的指导意见》等；同时，加强配电网建设与高质量发展，如《国家发展改革委　国家能源局关于新形势下配电网高质量发展的指导意见》（发改能源〔2024〕187号）、《国家能源局关于印发〈配电网高质量发展行动实施方案（2024—2027年）〉的通知》（国能发电力〔2024〕59号）、《国家发展改革委办公厅　国家能源局综合司关于做好新能源配套送出工程投资建设有关事项的通知》（发改办运行〔2021〕445号）等。

在需求侧方面。出台《电力负荷管理办法（2023年版）》，提出要加强全社会用电管理、保障社会用电秩序；同时，促进电动汽车基础设施建设，加强车网融合、有效发挥动力电池作为可控负荷或移动储能的灵活性调节能力，如《国家发展改革委等部门关于进一步提升电动汽车充电基础设施服务保障能力的实施意见》（发改能源规〔2022〕53号）、《国家发展改革委等部门关于加强新能源汽车与电网融合互动的实施意见》（发改能源〔2023〕1721号）等。

在储能方面。通过完善价格机制保障抽水蓄能电站稳定运行和合理收益，如《国家发展改革委关于进一步完善抽水蓄能价格形成机制的意见》（发改价格〔2021〕633号）、《国家发展改革委关于抽水蓄能电站容量电价及有关事项的通知》（发改价格〔2023〕533号）等；通过制定指导意见和实施方案引导新型储能健康发展，如《国家发展改革委　国家能源局关于加快推动新型储能发展的指导意见》（发改能源规〔2021〕1051号）、《国家发展改革委　国家能源局关于印发〈“十四五”新型储能发展实施方案〉的通知》（发改能源〔2022〕209号）、《国家发展改革委办公厅　国家能源局综合司关于进一步推动新型储能参与电力市场和调度运用的通知》（发改办运行〔2022〕475号）等。

6.5　支撑性政策

技术装备方面。主要从产业发展、指导目录、示范工程、设备更新改造等领域对新型电力系统技术装备提出激励性政策要求，如《产业结构调整指导目录（2024年本）》、《国家发展改革委等部门关于印发〈绿色低碳先进技术示范工程实施方案〉的通知》（发改环资〔2023〕1093号）、《国家发展改革委办公厅关于印发〈绿色低碳先进技术示范项目清单（第一批）〉的通知》（发改办环资〔2024〕272号）、《关于印发〈能源重点领域大规模设备更新实施方案〉的通知》（发改办能源〔2024〕687号）、《氢能产业发展中长期规划（2021—2035年）》等。

市场机制方面。通过加快构建全国统一电力市场体系，规范电力中长期交易市场、现货市场、辅助服务市场基本规则，以及完善燃煤发电上网电价、容量电价等价格机制，发挥电力市场促进新型电力系统发展效用，如《国家发展改革委　国家能源局关于加快建设全国统一电力市场体系的指导意见》（发改体改〔2022〕118号）、《国家发展改革委　国家能源局关于印发〈电力现货市场基本规则（试行）〉的通知》（发改能源规〔2023〕1217号）、《国家发展改革委　国家能源局关于印发〈电力中长期交易基本规则——绿色电力交易专章〉的通知》（发改能源〔2024〕1123号）、《国家发展改革委　国家能源局关于建立健全电力辅助服务市场价格机制的通知》（发改价格〔2024〕196号）、《国家发展改革委　国家能源局关于建立煤电容量电价机制的通知》（发改价格〔2023〕1501号）、《国家发展改革委关于进一步深化燃煤发电上网电价市场化改革的通知》（发改价格〔2021〕1439号）等。

监管机制方面。通过加强各类型电源安全监管、新能源消纳监管、电力领域综合监管等保障新型电力系统安全稳定运行与健康发展，如《国家发展改革委　国家能源局关于加强新形势下电力系统稳定工作的指导意见》（发改能源〔2023〕1294号）、《国家能源局关于印发〈电力辅助服务管理办法〉的通知》（国能发监管规〔2021〕61号）、《关于完善能源绿色低碳转型体制机制和政策措施的意见》（发改能源〔2022〕206号）、《国家发展改革委　国家能源局关于推进电力源网荷储一体化和多能互补发展的指导意见》（发改能源规〔2021〕280号）等。

7 关键政策分析

对于新型电力系统而言，关键的是协调由于大力发展波动性新能源而形成的新的电网、电源、负荷之间的关系。在协调关系中，电网是核心，电力系统的灵活性资源是关键。因为我国电力系统缺乏像燃气机组那样具有灵活性的资源，所以煤电承担着灵活性的调节任务。同时，煤电又是我国电力系统中二氧化碳排放量最多的行业，因此必须对煤电的二氧化碳排放进行有效控制。本书从2021年的政策文件到当前最新政策文件中选择了新型电力系统行动方案、煤电低碳化改造建设行动方案、配电网高质量发展、电网调峰储能和智能化调度、源网荷储一体化和多能互补等相关的政策开展专项分析。

7.1 新型电力系统行动方案

2024年7月25日，国家发展改革委、国家能源局、国家数据局发布《加快构建新型电力系统行动方案（2024—2027年）》，着重从三个方面推进新型电力系统建设：一是切实落实新型电力系统建设的总体要求。围绕“清洁低碳、安全充裕、经济高效、供需协同、灵活智能”二十字方针，分别从不同角度提出专项行动，统筹推进新型电力系统协调发展。二是力求解决近期关键问题。立足当前发展阶段，聚焦近期新型电力系统建设亟待突破的关键领域，明确2024—2027年重点任务，务求尽快取得成果，服务当前电力系统转型发展的实际需要。三是采用先行先试的工作方法。在各项关键领域中，选取攻关收益高、提效潜力大、引领效应强的方向开展探索，发挥好试点的引领带动作用，以“小切口”解决“大问题”。

《加快构建新型电力系统行动方案（2024—2027年）》提出重点开展9项专项行动。

一是电力系统稳定保障行动。新型电力系统“双高”（高比例可再生能源和高比例电力电子设备）特性日益凸显，其安全稳定运行面临较大风险挑战。针对电力系统生产结构、运行机理和功能形态转变过程中可能出现的系统稳定问题，该方案提出着力优化加强电网主网架、提升新型主体涉网性能、推进构网型技术应用、持续提升电能质量，为新型电力系统建设提供安全稳定保障。

二是大规模高比例新能源外送攻坚行动。目前，在运跨省区输电通道主要输送煤电、水电等传统电力，新能源电量占比较低。随着“沙戈荒”大型风电光伏基地、水风光综合基地的有序建设，新能源外送消纳需求将进一步增加。为适应新能源快速发展需要，该方案提出提高在运输电通道新能源电量占比、开展新增输电通道先进技术应用，依托先进的发电、调节、控制技术，实现大规模高比例新能源外送。

三是配电网高质量发展行动。近年来，雨雪冰冻、台风、洪涝等自然灾害频发，用户供电可靠性受到影响；分布式新能源、电动汽车充电设施等新型主体大规模并网，对配电网承载力提出了更高要求。针对新型电力系统对配电网在电力保供和转型方面的新要求，该方案提出组织编制建设改造实施方案，健全配电网全过程管理，制定、修订一批配电网标准，建立配电网发展指标评价体系，实现与源、荷、储的协调发展。

四是智慧化调度体系建设行动。随着大量新型主体接入，电力系统可控对象从以源为主扩展到源网荷储各环节，控制规模呈指数级增长，调控方式需从传统的“源随荷动”向“源网荷储融合互动”转变，调控技术手段和智能化水平亟待升级。为优化完善适应新型电力系统的调度系统，该方案提出加强智慧化调度体系总体设计，着力创新新型有源配电网调度模式。

五是新能源系统友好性能提升行动。目前，风电在电力规划中参与平衡的比例较低，负荷晚高峰时段光伏参与平衡的比例基本为零，新能源可靠出力水平亟待提升。为提升新能源系统友好性能、创新风光储互补及源网荷储协同发展模式，该方案提出着力打造一批系统友好型新能源电站，实现新能源置信出力提升10%以上；探索实施一批算力与电力协同项目，提高数据中心绿电占比；因地制宜建设一批智能微电网项目，提升新能源发电自发自用比例。

六是新一代煤电升级行动。未来一段时期，煤电仍是我国电力可靠供应的重要支撑电源，实现碳达峰目标要加快低碳化改造，进一步提升运行灵活性。针对新型电力系统对煤电加快转型升级的要求，该方案以清洁低碳、高效调节、快速变负荷、启停调峰为主线任务，开展新一代煤电试验示范；应用零碳或低碳燃料掺烧及碳捕集、利用与封存等低碳煤电技术路线，促进煤电碳排放水平大幅下降；推动新一代煤电标准建设，重点完善系统设计及设备选型标准体系。

七是电力系统调节能力优化行动。近年来，部分地区的新能源短期内快速发展，灵活调节资源与新能源在建设规模、时序上相互衔接不足，新能源消纳压力逐渐增加。针对新型电力系统调节能力需求持续增长的实际，在用好常规调节措施的基础上，该方案提出充分发挥新型储能调节能力，通过建设一批共享储能电站、探索应用一批新型储能技术，加快实现新型储能规模化应用，同步完善调用和市场化运行机制。

八是电动汽车充电设施网络拓展行动。随着我国新能源汽车发展驶入“快车道”，保有量的大幅增加对配套充电基础设施建设提出了更高要求。同时，电动汽车电池作为储能资源，为电力系统灵活调节提供了更多选择。针对电动汽车大规模充电需求及储能资源的有效利用，该方案提出完善充电基础设施网络布局，加强电动汽车与电网融合互动，建立健全充电基础设施标准体系，加快推动电动汽车与能源转型融合发展。

九是需求侧协同能力提升行动。负荷侧灵活调节资源的充分调用，有助于缓解尖峰负荷问题，促进低谷时段新能源消纳。针对新型电力系统供需协同、灵活智能的建设要求，该方案提出开展典型地区高比例需求侧响应，充分激发需求侧响应活力，典型地区需求侧响应能力达到最大用电负荷的5%或以上，具备条件的典型地区需求侧响应能力达到最大用电负荷的10%左右；利用源荷储资源建设一批虚拟电厂，建立健全标准体系，完善相关规则，提升电力保供和新能源就地消纳能力。

7.2 煤电低碳化改造建设行动方案

2024年6月24日，国家发展改革委、国家能源局印发《煤电低碳化改造建设行动方案（2024—2027年）》，提出了煤电低碳化改造建设工作的目标：到2025年，首批煤电低碳化改造建设项目全部开工，转化应用一批煤电低碳发电技术；相关项目度电碳排放较2023年同类煤电机组平均碳排放水平降低20%左右，显著低于现役先进煤电机组碳排放水平，为煤电清洁低碳转型探索有益经验。到2027年，煤电低碳发电技术路线进一步拓宽，建造和运行成本显著下降；相关项目度电碳排放较2023年同类煤电机组平均碳排放水平降低50%左右，接近天然气发电机组碳排放水平，对煤电清洁低碳转型形成较强的引领带动作用。

《煤电低碳化改造建设行动方案（2024—2027年）》提出了3种改造建设方式，并明确了项目布局、机组条件、降碳效果3个方面的改造建设要求。改造建设方式方面：一是生物质掺烧，充分利用农林废弃物、沙生植物、能源植物等生物质资源，实施煤电机组耦合生物质发电；二是绿氨掺烧，利用风电、太阳能发电等可再生能源的富余电力，通过电解水制绿氢并合成绿氨，实施燃煤机组掺烧绿氨发电；三是碳捕集、利用与封存，采用化学法、吸附法、膜法等技术分离捕集燃煤锅炉烟气中的二氧化碳，实施高效驱油、制备甲醇等资源化利用，或因地制宜实施地质封存。改造建设要求方面：一是项目布局。实施生物质或绿氨掺烧的项目，所在地应具有长期稳定的生物质或绿氨来源；实施碳捕集、利用与封存的项目，所在地及周边应具备二氧化碳资源化利用场景，或具有长期稳定地质封存条件。二是机组条件。相关机组应满足预期剩余使用寿命长、综合经济性好等基本条件，新建机组须已纳入国家规划；鼓励承担煤炭清洁高效利用技术攻关任务、“两个联营”及大型风电光伏基地配套的煤电机组先行先试。三是降碳效果。对照煤电机组自身改造前碳排放水平和2023年同类煤电机组平均碳排放水平，分别对2025年、2027年建成投产项目降碳效果提出明确要求。

同时，该文件围绕资金支持、政策支撑、电网调度、技术创新4个方面，提出了推动煤电低碳化改造建设的保障措施。一是加大资金支持力度。发挥政府投资放大带动效应，利用超长期特别国债等资金渠道对符合条件的煤电低碳化改造建设项目予以支持；相关项目择优纳入绿色低碳先进技术示范工程；鼓励各地区因地制宜制定支持政策，加大对煤电低碳化改造建设项目的投资补助力度。二是强化政策支撑保障。探索建立由政府、企业、用户三方共担的分摊机制，对纳入国家煤电低碳化改造建设清单的项目给予阶段性支持。鼓励符合条件的项目通过发行基础设施领域不动产投资信托基金、绿色债券或申请绿色信贷、科技创新和技术改造再贷款等渠道融资，吸引各类投资主体参与和支持煤电低碳化改造建设。三是优化电网运行调度。推动对掺烧生物质/绿氨发电，加装碳捕集、利用与封存设施部分电量予以单独计量。电网企业要优化电力运行调度方案，优先支持碳减排效果突出的煤电低碳化改造建设项目接入电网，对项目的可再生能源发电量或零碳发电量予以优先上网。四是加强技术创新应用。加强煤电掺烧生物质、低成本绿氨制备、高比例掺烧农作物秸秆等技术攻关，加快煤电烟气二氧化碳捕集降耗、吸收剂减损、大型塔内件传质性能提升、捕集—发电系统协同、控制流程优化等技术研发，补齐二氧化碳资源化利用、咸水层封存、产业集成耦合等技术短板。

7.3 配电网高质量发展

2024年2月6日，《国家发展改革委 国家能源局关于新形势下配电网高质量发展的指导意见》（发改能源〔2024〕187号）在总体要求方面提出打造安全高效、清洁低碳、柔性灵活、智慧融合的新型配电系统。到2025年，配电网网架结构更加坚强清晰、供配电能力合理充裕、承载力和灵活性显著提升、数字化转型全面推进；到2030年，基本完成配电网柔性化、智能化、数字化转型，实现主配微网多级协同、海量资源聚合互动、多元用户即插即用，有效促进分布式智能电网与大电网融合发展。

该文件在电力保供、转型发展、全程管理、改革创新方面提出4项重点任务。

一是补齐电网短板，夯实保供基础。目前，雨雪冰冻、台风、洪涝等自然灾害频发，部分配电设施运行年限长、能耗高、标准不统一，存在设备过载、供电容量不足、抗灾能力较弱等情况，影响用户供电质量。为全面提升供电保障能力，文件提出加快推进城镇老旧小区、城中村配电设施升级改造，科学补强薄弱环节，并提高装备能效和智能化水平。文件强调合理提高核心区域和重要用户的相关线路、变电站建设标准，差异化提高局部规划设计和灾害防控标准，提升电网综合防灾能力。

二是提升承载能力，支撑转型发展。我国分布式新能源发展较快，截至2023年底，装机规模已超过2.5亿千瓦，部分地区承载力接近极限，存在配电网电压越限、电网调峰困难的情况。为满足大规模分布式新能源接网需求，文件提出有针对性地加强配电网建设，评估配电网承载能力，引导分布式新能源科学布局、有序开发、就近接入、就地消纳。电动汽车的普及带动充电需求快速增长，但部分商业区、居民区等配变容量不足，难以支撑大规模充电设施接入。为满足电动汽车等新型负荷用电需求，文件提出科学衔接充电设施点位布局和配电网建设改造工程，并开展充电负荷密度分析，引导充电设施合理分层接入中低压配电网。为促进各类创新主体更好地发挥作用，文件提出推动新型储能多元化发展和电力系统新业态健康发展。

三是强化全程管理，保障发展质量。配电网规划建设需要与多部门统筹协调，部分电力设施改造涉及与其他基础设施的协同优化，点多面广、环节多、链条长。在提高效率效益方面，文件强调统筹制定电网规划，加强与城乡总体规划、国土空间规划的衔接，建立多部门参与的工作协调机制，协同推进工程建设。在优化项目投资管理方面，文件提出电网企业要持续加大配电网投资力度，并鼓励多元主体投资配电网。在运行维护方面，文件强调要完善调度运行机制，提升运维服务水平。

四是加强改革创新，破解发展难题。新形势下配电网发展面临新挑战，需要深入推进改革创新，着力破解技术和体制机制难题。文件提出，要持续推进科技创新，加强配电网规划方法、运行机理、平衡方式、调度运行控制方法的研究。为健全新主体、新业态的市场交易机制，文件提出要研究设计适宜的交易品种和交易规则，鼓励多样化资源平等参与市场交易，并持续优化电价机制。在完善财政金融政策方面，文件提出要发挥好中央投资引导带动作用、通过地方政府专项债券支持符合条件的配电网项目建设等举措。

7.4 电网调峰储能和智能化调度

2024年1月27日，《国家发展改革委　国家能源局关于加强电网调峰储能和智能化调度能力建设的指导意见》提出主要目标：到2027年，电力系统调节能力显著提升，抽水蓄能电站投运规模达到8 000万千瓦以上，需求侧响应能力达到最大负荷的5%以上，保障新型储能市场化发展的政策体系基本建成，适应新型电力系统的智能化调度体系逐步形成，支撑全国新能源发电量占比达到20%以上、新能源利用率保持在合理水平，保障电力供需平衡和系统安全稳定运行。

该文件坚持系统观念，统筹源、网、荷、储各侧调节资源，重点部署了4方面任务。一是加强调峰能力建设。着力提升支撑性电源调峰能力，统筹提升可再生能源调峰能力，大力提升电网优化配置可再生能源能力，挖掘需求侧资源调峰潜力。二是推进储能能力建设。做好抽水蓄能电站规划建设，推进电源侧新型储能建设，优化电力输、配环节新型储能发展规模和布局，发展用户侧新型储能，推动新型储能技术多元化协调发展。三是推动智能化调度能力建设。推进新型电力调度支持系统建设，提升大电网跨省、跨区协调调度能力，健全新型配电网调度运行机制，探索多能源品种和源网荷储协同调度机制。四是强化市场机制和政策支持保障。积极推动各类调节资源参与电力市场，建立健全促进调节资源发展的价格机制，健全完善管理体系。

7.5 源网荷储一体化和多能互补

2021年2月25日，国家发展改革委、国家能源局印发《关于推进电力源网荷储一体化和多能互补发展的指导意见》（发改能源规〔2021〕280号），重点提出了电力源网荷储一体化和多能互补的重要意义、总体要求、实施路径、实施重点和政策措施。

第一，提出了推进电力源网荷储一体化和多能互补的重要意义。文件从三个方面提出重要意义：一是强化源网荷储各环节间的协调互动，实现统筹协调发展，有助于提高清洁能源利用率、提升电力发展质量和效益；二是优先利用清洁能源资源，充分发挥水电和火电调节性能，适度配置储能设施，调动需求侧灵活响应积极性，全面推进生态文明建设；三是发挥跨区源网荷储协调互济作用，有利于推进西部大开发形成新格局，改善东部地区环境质量，促进区域协调发展。

第二，明确了电力源网荷储一体化和多能互补的总体要求。文件以习近平新时代中国特色社会主义思想为指导，全面贯彻党的十九大和十九届二中、三中、四中、五中全会精神，落实“四个革命、一个合作”能源安全新战略，将电力源网荷储一体化和多能互补作为电力工业高质量发展的重要举措，提出了三项基本原则：一是绿色优先、协调互济，以保障电力系统安全稳定运行为前提，优先考虑可再生能源电力开发利用，充分发挥源网荷储协调互济能力，促进能源转型和绿色发展；二是提升存量、优化增量，重点提升存量电力设备利用效率，合理优化增量规模、结构与布局；三是市场驱动、政策支持，发挥市场配置资源决定性作用，更好发挥政府作用，破除市场壁垒，加强引导扶持，建立健全相关政策体系，不断提升产业竞争力。

第三，提出了源网荷储一体化实施路径和重点。在实施路径上，通过优化整合本地电源侧、电网侧、负荷侧资源，充分发挥负荷侧的调节能力，依托坚强局部电网建设提升重要负荷中心应急保障能力和风险防御能力，调动市场主体积极性，探索构建以电网为平台、统筹电源负荷与调度运行各环节、源网荷储高度融合的新一代电力系统发展路径，主要包括区域（省）级、市（县）级、园区（居民区）级等具体模式。在实施重点上，一是区域（省）级侧重于通过电力市场价格信号引导各类市场主体灵活调节、多向互动，落实电源、电力用户、储能、虚拟电厂参与市场机制。二是市（县）级侧重于重点城市坚强局部电网建设、清洁取暖和清洁能源消纳一体化示范，提出保障电源及自备应急电源配置方案，以及热电联产机组、新能源电站、灵活运行电热负荷一体化运营方案。三是园区（居民区）级侧重于调动负荷侧调节响应能力，在城市商业区、综合体、居民区开展分布式发电与电动汽车（用户储能）灵活充放电相结合的园区（居民区）级源网荷储一体化建设，在工业负荷大、新能源条件好的地区开展源网荷储一体化绿色供电园区建设。

第四，提出了电力多能互补实施路径和重点。在实施路径上，通过利用存量常规电源，合理配置储能，强化电源侧灵活调节作用，优化各类电源规模配比，统筹各类电源规划、设计、建设、运营，优先发展新能源，主要包括风光储、风光水（储）、风光火（储）等具体模式。在实施重点上，一是将“风光储一体化”定位于积极探索，结合储能成本下降进度深入研究配置储能的经济技术可行性。二是稳妥推进增量“风光水（储）一体化”，考虑当前水电外送通道利用时长约5 000小时，汛期枯期差异较大，“风光水（储）一体化”主要利用水电的调节能力以及水电外送通道的闲置空间，积极开发消纳新能源。

三是严控增量“风光火（储）一体化”，强调优先推进存量输电通道的改造提升，将可行的存量火电发展为“一体化”项目，通过灵活性改造挖掘机组调节能力，扩大就近打捆新能源电力规模；对于“风光火（储）”增量项目，则鼓励优先利用近区现役及已纳规火电项目，以减少新增火电规模，新建外送输电通道可再生能源电量比例原则上不低于50%，优先规划建设比例更高的输电通道；对于就地开发消纳的项目，在充分评估当地资源条件和消纳能力的基础上，优先利用新能源电力。

第五，提出了电力源网荷储一体化和多能互补的政策措施。一是加强组织领导，发挥国家能源主管部门的统筹协调作用，加强项目规划与国家和地方电力发展规划、可再生能源规划等的衔接。按照“试点先行，逐步推广”原则，通过国家电力发展规划编制、年度微调、中期滚动调整，将具备条件的项目优先纳入国家电力发展规划。二是落实主体责任，地方能源主管部门负责牵头，会同国家能源局派出机构组织相关企业开展项目及实施方案的分类组织、研究论证、评估筛选、编制报送、建设实施等工作，必须严格落实国家能源电力规划，坚决防止借机扩张化石电源规模，加剧电力供需和可再生能源消纳矛盾。三是建立协调机制，在规划层面，各投资主体积极提出规划建议，协同推动前期工作，实现规划“一体化”；在建设层面，协调各电力项目建设进度，确保同步建设、同期投运，推动建设实施“一体化”；在运行层面，国家能源局派出机构牵头，建立各类电源协调运营和利益共享机制，发挥各类电源互补作用，促进项目运行调节和管理规范的“一体化”。四是守住安全底线，研究电力系统源网荷储各环节的安全共治机制，探索新一代电力系统安全治理手段，保障新能源安全消纳。五是完善支持政策，鼓励具备条件的地区统一组织推进相关项目建设，支持其参与跨省区电力市场化交易、增量配电改革及分布式发电市场化交易。六是鼓励社会投资，鼓励社会资本投资各类电源、储能及增量配电网项目，或通过资本合作等方式建立联合体参与项目投资开发建设。七是加强监督管理，国家能源局派出机构加强对相关项目的事中事后监管，并提出针对性监管意见。

第三部分

典型国家电力转型政策分析与启示

8 美国

20世纪70年代以来，美国的能源转型政策经历了从能源独立到清洁能源转型的演变，逐步形成了以技术创新和供应链保障为核心的政策体系。

8.1 美国能源转型政策进展

1973年石油危机后，美国开始重视能源安全，推动能源独立战略，减少对进口石油的依赖。2005年，美国通过《能源政策法案》，加大对可再生能源的支持力度，推动风能和太阳能等新能源的发展。2007年，《能源独立与安全法案》进一步明确了可再生能源发展目标。

2015年，奥巴马政府发布《清洁能源计划》，推动电力行业减排，加速可再生能源发展。

2017年，美国率先提出国家能源安全战略，将节约能源和最大限度利用发展可再生能源作为国家经济和能源转型的重要战略。

2021年，拜登政府重返《巴黎协定》，承诺到2030年将温室气体排放量减至2005年水平的一半，并计划到2035年实现电力部门无碳化。

2021年，美国发布《迈向2050年净零排放长期战略》，提出通过清洁电力投资、交通和建筑电气化、工业转型等措施实现2050年净零排放目标。通过电力系统脱碳化、终端用能电气化、节能与能效提升、减少非CO_2温室气体排放以及大规模碳汇等关键转型，美国希望在2050年实现经济的全面脱碳。

2022年，美国能源部发布的《美国实现清洁能源转型的供应链保障战略》是拜登政府为应对全球能源转型趋势、提升美国供应链韧性和产业竞争力而制定的全面战略。虽然该战略在推动美国清洁能源产业发展和减少对外依赖方面具有重要意义，但其“去中国化”的策略也对全球供应链稳定和国际关系产生了负面影响。同年，美国发布《通胀削减法案》（IRA），该法案通过大规模投资和政策调整，为清洁能源项目提供大规模税收减免和补贴，从而推动新能源技术的研发和应用。

8.2 美国各州能源政策

新建筑和翻新建筑的最低能效标准需遵循《建筑物能源效益守则》（*Building Energy Codes*），该守则在州一级具有强制执行效力，同时新建筑协会（New Buildings Institute）引入了零能耗性能指数（zero energy performance index, zEPI），已有27个州实施了能效资源标准（energy efficiency resource standards, EERS）；住宅和商业建筑则需遵循《国际节能守则》（*International Energy Conservation Code*, IECC），其中IECC规定的商业建筑替代标准需参照美国采暖、制冷和空调工程师协会（ASHRAE）制定的《ASHRAE 标准90.1》。在此基础上，一些州和地方政府还制定了更严格的要求，例如亚利桑那州的两大城市——菲尼克斯和图森已采用2018年版的IECC。根据美国能源部分析，2021年版IECC相比2018年版能效提高了9.4%；而2019年10月发布的最新版《ASHRAE标准90.1》，较2016年版节能5%，较2013年版节能12%。

8.3 财政与投资

（1）清洁能源投资与税收减免

美国拜登政府推动能源转型议程获得通过，签署《基础设施投资与就业法案》（IIJA），为能源领域投资815亿美元，其中650亿美元用于电网现代化（含储能和输电线路升级），75亿美元建设电动汽车充电网络，50亿美元支持碳捕集、利用与封存和氢能试点，验证工业脱碳技术等（图8-1）。与此同时，《通胀削减法案》（IRA）通过3 690亿美元气候投资（含3 000亿美元税收抵免）推动清洁能源发展，其中近1000亿美元通过碳捕集、利用与封存和氢能提供税收抵免，核能也同样支持税收抵免。投资税减免（ITC）和生产税减免（PTC）政策对可再生能源项目进行税收减免，这将激励部分地区向可再生能源经济倾斜。太阳能 ITC层面，联邦层面提供 30% 抵免（2032年前），各州补贴叠加后（如科罗拉多州最高3 400美元 / 户），地区间差异主要体现在地方激励，联邦抵免率相对均衡。风能 PTC层面，对陆上风电按2.6美分 / （千瓦・时)、海上风电4美分 / （千瓦・时）抵免，中西部 “风电走廊” 和沿海州受益显著，地区影响差异大于太阳能。ITC和 PTC原计划2032年后逐步退坡，但2025年5月众议院通过法案提议提前取消住宅太阳能抵免

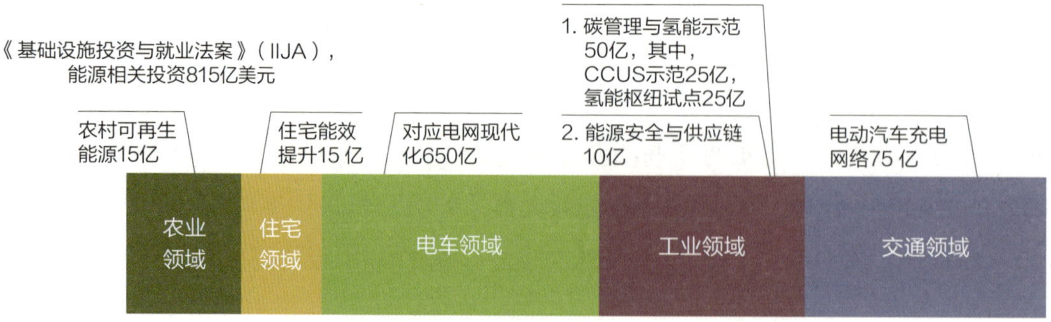

图8-1　美国能源领域投资及新能源减税计划

（2025年底）并加速商业抵免退坡（2029年起），目前参议院仍在审议，政策延续性仍存在不确定性。投资税减免和生产税减免将在未来几年逐步减少，美国国会目前正在讨论继续延长税收减免政策。

（2）美国能源投资转型

2021年，全球能源转型过程中，与脱碳技术发展趋势相关的投资增至7 550亿美元，取得有史以来最大年度增幅，比2020年增长27%，世界各国对能源转型更加乐观。美国约占投资总额的1/7，比2020年增长11%，5年间增幅达70%（图8-2、图8-3）。可再生能源在能源转型投资中占比最大，约占45%；电气化交通领域投资紧随其后，为350亿美元，约占34%，交通方面的投资几乎翻了一番，主要是由于电动汽车销售额达到330亿美元。美国目前每年在氢燃料领

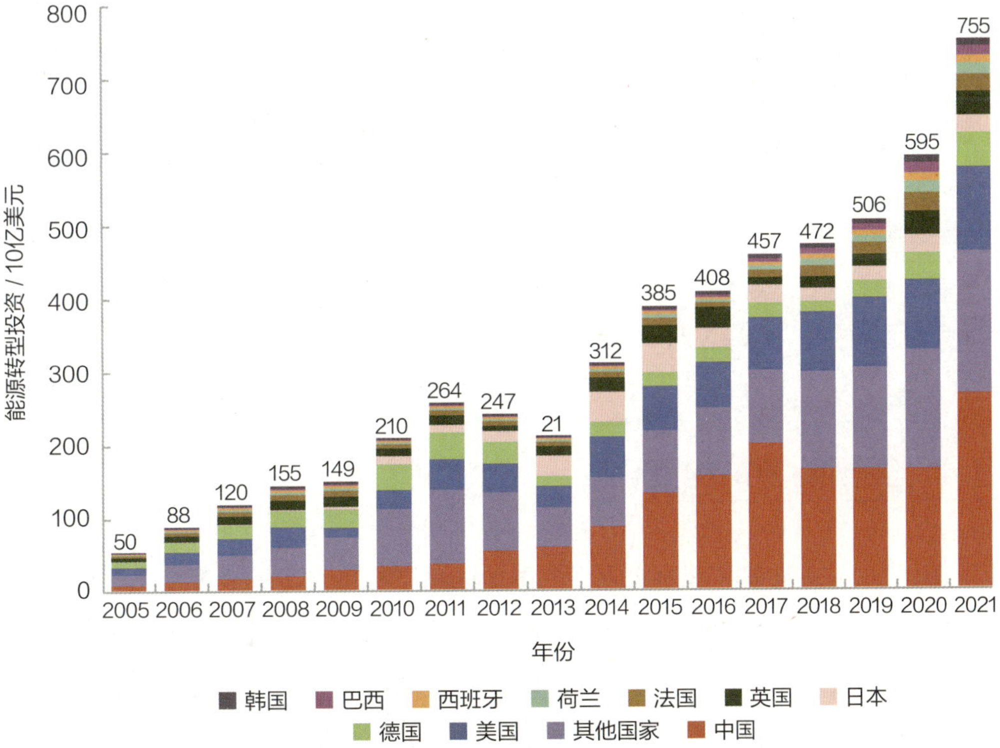

图8-2　2005—2021年世界各国能源转型投资

域的投资约为2亿美元，是2020年1亿美元的2倍，其中绝大多数与燃料电池汽车有关。

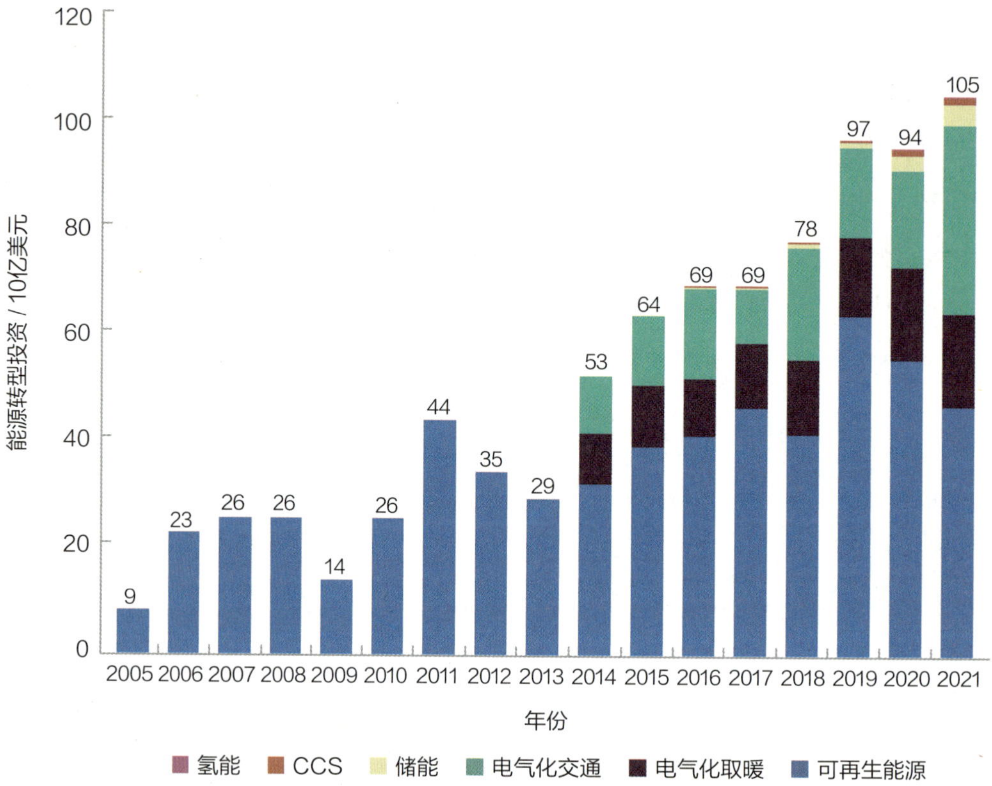

图8-3　2005—2021年美国能源转型投资

8.4　美国能源结构变化

随着一系列政策的落地实施，美国的能源结构也发生了显著变化，可再生能源在能源生产中的占比逐步提升，传统化石能源的占比逐渐下降。

截至2022年，可再生能源发电量首次超过煤电，占比达到22.6%，其中风电和太阳能发电增长显著。2023年，可再生能源发电量继续增长，占总发电量的比例进一步提高。与此同时，煤炭发电量自2005年达到峰值后持续下降，目前占比已降至19.2%。天然气在能源结构中的占比相对稳定，但其对煤炭的替代作用显著，推动了电力行业的低碳化。

在新能源技术方面，美国的风电和太阳能装机容量快速增长。此外，美国还积极推动氢能、核能等清洁能源技术的发展，以实现2050年净零排放的目标。

总体来看，美国的能源转型政策推动了可再生能源的快速发展，优化了能源结构，提升了能源系统的低碳化水平。然而，政策的不确定性（如不同政府之间的政策调整）仍将对能源市场的稳定性和投资信心产生一定影响。

9 德国

德国作为世界上最早启动能源转型的国家之一，在市场化推进能源行业绿色低碳转型方面具有长期的运行经验。20世纪90年代以来，为应对气候变化，德国提出以可再生能源逐步替代化石能源的目标，并同步启动了电力市场改革，推行建立了有利于可再生能源消纳的电力市场体系和电力交易机制，以支撑构建经济、环保和安全的能源体系。自此之后，德国的能源结构逐渐从以煤和石油为主导向多元化转变，可再生能源占比逐渐增加，实现了生物质、风电、太阳能等可再生能源的大发展。

9.1 德国能源转型政策进展

1990年以来，德国出台多项能源法案促进能源清洁化转型。主要包括提升能源利用效率、提高终端用户电气化水平、增加可再生能源发电占比和建设灵活高效的电力市场体系等。1991年颁布《可再生能源发电法》，首创固定电价收购（FiT）机制，要求电网优先消纳可再生能源并支付溢价；1994年，修订《原子能法》，延长既有核电站运营期限；1998年《电力市场开放法》启动市场化改革，拆分垂直一体化垄断，允许独立发电商、售电商进入市场；2000年出台了《可再生能源法》，完善了可再生能源的保障期限和电价体系；2010年《能源转型规划》首次明确“弃核（2022年关闭最后的核电站，提前1年完成）+去煤（2038年全面退出）”双路径；2011年，再次修改《原子能法》，禁止新建核电站；2016年《电力市场进一步开发法案》推动可再生能源从“固定电价”向“市场竞价”过渡（如大型风光项目需参与拍卖），强化电网调度与储能配套；2019年退出煤炭委员会，计划到2030年煤电装机容量降至17吉瓦（1 700万千瓦），最迟到2038年取消全部燃煤发电，同年出台了《气候保护法》，明确了2050年实现碳中和的目标，提出能源去煤化、交通电气化、工业清洁化、建筑绿色化、农业循环化等具体举措；2021年德国又将“碳中和”目标提前了5年，宣布将于2045年实现“碳中和”，同年推出新版《可再生能源法》，计划到2030年德国可再生能源将提供80%的电力，风电、光伏发电装机容量分别达到9 100万千瓦、1亿千瓦，以上目标在欧洲均处于领先地位；2022年提出了电力系统将在2035年全面实现碳中和。

9.2 德国能源结构变化

随着以上能源法案的实施，德国的可再生能源在能源生产总量和消费总量中的占比逐年上升，分别由2000年的3.2%和3.3%上升到2020年的17.8%和16.4%。特别是在2006年后，受促进可再生能源发展政策的推动，德国可再生能源发展迅猛。截至2022年底，德国电源总装机容量为2.24亿千瓦，其中新能源装机容量为1.21亿千瓦，占比54%，风电装机容量为6 324万千瓦、太阳能光伏发电装机容量为5 800万千瓦，分别占比28%、26%。2022年德国各类电源装机容量占比见图9-1。德国光伏发电以分布式光伏为主，分布式光伏发电装机容量为4 300万千瓦，占比74%。新能源发电量占比35.6%，其中风电占比24.7%、光伏占比10.9%，能源结构清洁化转型效果显著。

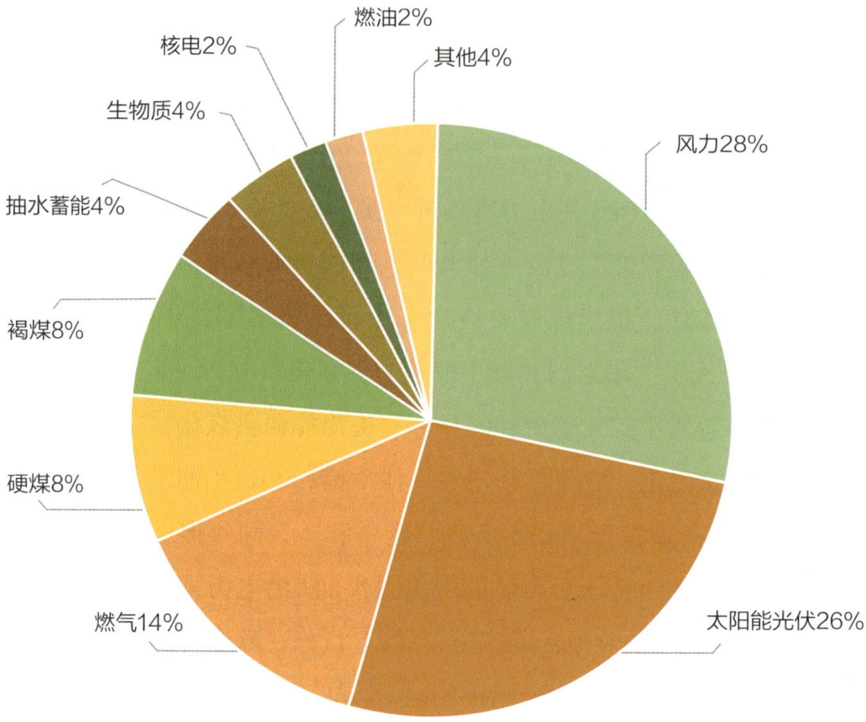

图9-1　2022年德国各类电源装机容量占比

德国在能源低碳转型上的提早谋划、积极作为、持续推进带来了显著成效。根据德国联邦环境署数据，1990—2020年，德国碳排放量减少了40.83%；与之相对，德国可再生能源在能源生产总量和消费总量中的占比逐年上升，分别由2000年的3.2%、3.3%上升到2020年的17.8%、16.4%。电力行业是德国碳排放大户，发展可再生能源发电、推动电力低碳转型是德国实现碳中和的重要举措。

从新能源口径来看，近30年来，德国新能源发电装机容量增长近1.2亿千瓦，年均增速约12%；新能源发电量占比年均增速达1.1个百分点。从可再生能源口径来看，根据初步计算，2023年德国总发电量为5 080亿千瓦・时，其中2 670亿千瓦・时来自可再生能源。太阳能光伏和风能占可再生能源发电量的

74%，其余部分由生物质能、水电和少量地热能提供（图9-2）。德国公用事业协会统计数据显示，2023年，德国总用电量首次有一半以上来自可再生能源，达56%，比2022年增加了8.6个百分点。月度统计数据显示，2023年7月该比例最高，达59%。

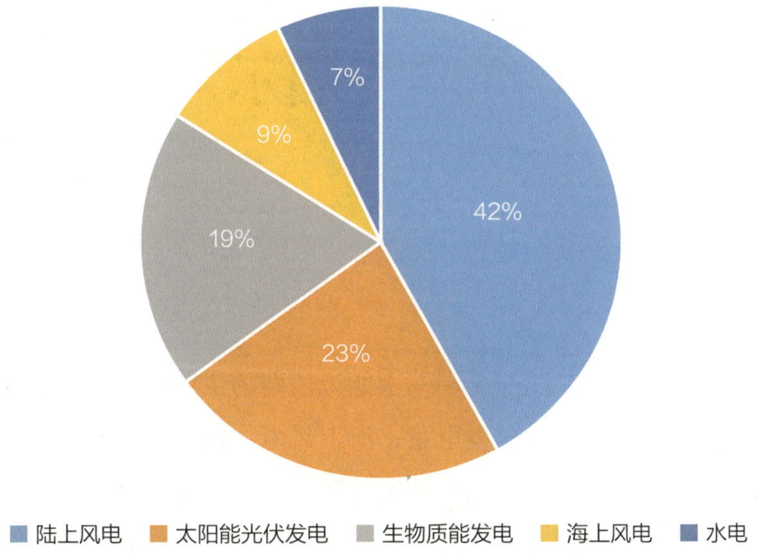

图9-2　2023年德国可再生能源发电量占比

10 经验与启示

石油、天然气、煤炭仍是美国一次能源消费的主体能源；可再生能源与核能发电量总和已经超过天然气发电量；海上风电、抽水蓄能、太阳能发电、电池储能、氢能及地热能成为美国可持续能源利用的主要组成部分；美国能源结构已使美国温室气体排放总量达峰后持续走低，并下降至2000年以前的水平；美国能源可持续利用水平的提升得益于一系列政策法规、财政投资，以及经济市场等多方面的保障措施。

德国通过扩大电网互联规模，提升电力系统的互济和调节能力。在灵活调节电源方面，通过抽水蓄能、电化学储能等多种形式，有效应对新能源出力波动。同时，对分布式光伏发电项目进行了详细分类，并建立了并网检测认证采信制度，确保了分布式电源能够迅速并网并增强其对电网的支撑能力。在电力现货市场建设方面，德国通过建立大范围耦合、统一出清的现货市场，实现了新能源与传统电源的平等参与，推动了新能源的高效消纳。另外，德国在气象预报技术和新能源功率预测方面具有较高的准确性，通过优化调度技术，提高了新能源的消纳水平。

相较于统一出清的电力现货市场，中国的跨省跨区电网运行控制复杂，计划与市场并存，东西部发展不均衡，各省级行政区电价存在较大差异，而新能源消纳政策也显得复杂多样。因此，在下一步建设我国电力现货市场方面，应当根据我国的国情和市场建设基础，探索适应我国特点的现货市场机制。一是建立更为精细、灵活的中长期交易机制，逐步实现更细致的市场颗粒度和更短的结算周期。通过灵活的交易时序与品种，为新能源参与市场提供更多调整空间。同时，还应探索建立容量成本回收机制，完善辅助服务的交易品种。逐步完善新能源的市场接入机制，逐步降低新能源的保障利用小时数，并建立合理的平衡成本分摊机制，引导新能源场站主动承担平衡责任，提高电力系统的稳定运行水平。二是建立场外补贴机制和市场机制，在鼓励各类主体积极参与市场、获得公平收益的同时，将诸如差别输配电价和优惠税收费用等政策独立于电能市场之外，以减少外部性和长期性问题对电力市场竞争效率的影响。三是建立高比例的多年期合约、绿色证书等机制，确保绿色电力从生产、传输到消费的全流程追踪，以实现扶持政策和激励机制的同步作用。

第四部分

新型电力系统发展趋势及建议

11 新型电力系统发展趋势

11.1 发展趋势

从新型电力系统技术需求角度对发展趋势进行分析[1]。

第一阶段（当前至2030年）

此阶段重点技术攻关方向为在保证能源电力安全的前提下，构建高比例可再生能源系统，并逐步替代化石能源。重点研发太阳能高效低成本光电光热转化、深海高空风电高效转化、生物质高效转化与高值利用、海洋能规模化高效利用、分布式多能互补与供需互动、灵活友好并网等关键核心技术，同时加快推进大规模长寿命物理储能技术应用，发展安全、高效、经济、可持续的先进核能系统。

此阶段属于电力系统转型过渡蓄势阶段。新能源占比逐渐提高，常规电源将逐步转变为调节性和保障性电源，终端用能电气化将驱动电力需求大幅增

1　资料来源：中国电力企业联合会课题组《构建新型电力系统对碳减排的影响研究》，2024年，但有修改。

长。预计2025年，灵活调节电源占比达到24%。系统调节电源主要包括煤电灵活性改造、调峰气电、有调节能力的水电、抽水蓄能和电化学储能等，未来还将包括压缩空气储能、氢储能和合成燃料储能等。同时，以二氧化碳规模化减排和资源化利用为重点，完善试点和有序推进CCUS技术在火电、化工、钢铁等产业的全流程融合示范，加强跨行业、跨领域的技术集成，着眼长远前瞻部署直接空气捕集、矿物碳化等前沿负排放技术的研发与示范工作。

第二阶段（2030—2045年）

此阶段重点技术攻关方向为促进高比例可再生能源电力消纳与多能源载体综合利用，大幅增加可再生能源在能源生产和消费中的比重，并逐步成为主体能源。重点挖掘源网荷储各环节的能力，要利用好可中断负荷、虚拟电厂、跨省跨区交易等调节手段，推进新型储能、电动汽车、氢储能等技术的应用。发展新型电化学能量储存与转化机制，实现长寿命、低成本、高能量密度、高安全性和易回收的新型储能技术的广泛应用。促进人工智能、大数据、物联网和先进信息通信等技术与电力技术的深度融合。

此阶段属于能源结构切换阶段。依靠技术创新，可再生能源发电成本将得到有效控制。新能源成为主体电源之后，其季节性出力特性受天气影响大，特别是小时级以上的调节需求将更加突出。为此，需要进一步挖掘源网荷储各环节的潜力，以颠覆性低碳技术的创新应用与协同发展来提高系统整体灵活性。其中，以氢、氨作为关键能源载体，可实现多种能源资源的灵活互补，并通过将这些载体转化为电力、热力、燃气或作为替代原料，从而促进工业部门脱碳。对于CCUS技术，要继续优化技术路线，持续开发高效低成本的技术，为电力领域的深度脱碳提供重要的技术支撑。可以因地制宜，将CCUS技术与生物质能、直接空气捕集等结合，探索负碳技术在电力领域的应用模式。

第三阶段（2045—2060年）

此阶段属于近零排放及碳中和决胜阶段。高比例波动性可再生能源的接入，会给电力系统带来惯性不足、双向/极端潮流、季节性不平衡等一系列问题。此阶段重点技术攻关方向为光伏发电、风电成为主要发电方式，实现能源结构多元化及电力供需平衡高度耦合；以商业化深度脱碳技术为工作重点，助推能源和电力生产，加快迈进碳中和阶段。重点是实现高效光、电、热、生物转化利用二氧化碳机理等方面关键技术的突破，应用绿氢等绿色燃料以及CCUS等技术作为应对减排难点的重要手段。

11.2 主要挑战

一是当前多重因素导致部分地区电力供应紧张，保障电力供应安全面临挑战。国际局势复杂多变，能源价格高涨，大宗商品价格大幅上涨；国内煤炭、天然气供应紧张，价格高位运行，火电企业经营困难。极端天气频发导致电力负荷攀升，影响可再生能源出力，增加电力供应压力。长期来看，我国电力需求稳步增长，尖峰负荷特征明显，但累计时间短，出现频次低、电量小，增加了投资成本与保供难度。新能源装机容量比重增加，但支撑能力与常规电源有差距，未形成可靠替代能力。必须坚持底线思维，全力保障能源安全，构建适应新能源发展的多元综合保障体系。

二是新能源快速发展，系统调节能力和支撑能力提升面临挑战，新能源消纳形势严峻。新能源占比提高，消耗电力系统灵活调节资源，间歇性、随机性、波动性特点增加系统调节难度，系统平衡和安全问题突出。部分网架薄弱、缺乏同步电源支撑的大型新能源基地，系统支撑能力不足，新能源外送受影响。虽然全国新能源利用率较高，但消纳基础不牢固，局部地区弃风、弃光问题突出。未来新能源大规模发展要求系统调节能力快速提升，但调节性资源建设面临约束，区域性新能源高效消纳风险增大。

三是“双高”特性凸显，安全稳定运行面临风险挑战。与传统电力系统相比，“双高”系统低惯量、低阻尼、弱电压支撑特征明显，电网形态复杂，协调难度大，故障易引发连锁反应。中东部地区直流集中馈入，本地电源支撑能力弱，电压频率稳定问题严峻，形成多个密集通道，电网安全风险突出。新技术快速发展和应用，系统主体多元化、电网形态复杂化、运行方式多样化，对电力系统安全、高效、优化运行提出了更大挑战。

四是电力系统可控对象扩展，控制规模增长，调控技术手段和网络安全防护需要升级。新能源、分布式电源、新型储能、电动汽车等接入，系统信息感知能力不足，现有调控技术无法全面监控，管理体系不适应新形势。需深化电力体制改革和市场建设，提升新能源消纳能力和调节能力。电网控制功能前移，攻击暴露面增加，电力系统成为网络攻击目标，网络安全防护形势严峻，防护能力亟须提升。

五是电力关键核心技术装备存在短板，科技创新驱动效能需提升。能源电力领域产业链、供应链和价值链完整，电力科技水平实现战略性转变，但个别技术领域与世界强国有差距，关键技术、装备、材料亟须攻关突破。需加强政策引导，激发创新活力，打造多维技术路线，推动全产业链融通发展。

六是电力系统转型中面临改革任务，体制机制需完善。电力体制改革进入“深水区”，深层次矛盾凸显。电力市场不协调、不平衡问题突出，市场机制和价格体系需完善，新能源市场设计需创新，成本疏导机制需健全，电价改革需深化。电力行业管理体制需健全优化，电力设计、规划、运行方法需调整，监管机制需创新改革，企业治理效能需提升。

12 政策建议

一是持续完善新型电力系统顶层设计和系统规划。构建新型电力系统是建设新型能源体系的重要内容，是一项复杂而艰巨的系统工程，点多面广、时间跨度长，不同发展阶段特征差异明显，须统筹谋划路径布局，科学部署、有序推进。习近平总书记在中央全面深化改革委员会第二次会议上强调“要科学合理设计新型电力系统建设路径，在新能源安全可靠替代的基础上，有计划、分步骤逐步降低传统能源比重。要健全适应新型电力系统的体制机制，推动加强电力技术创新、市场机制创新、商业模式创新”等，加强新型电力系统顶层设计和系统规划，科学预测电力供需平衡、统筹协调源网荷储各类资源、鼓励关键技术突破创新和重点工程应用示范等，促进新型电力系统健康稳定高质量发展，有效支撑新型能源体系规划建设。

二是发挥煤电基础保障性与系统调节性作用。对于煤电的发展战略，要正确处理好转型与能源安全、低碳发展的关系；明确煤电定位，要以系统思维和底线思维确定煤电使命，即托底保供、系统调节、热电联供、综合利用、战略备用；在推进“三改联动”和“低碳化改造”时要充分论证，避免盲目改造；污染治理和综合利用措施要向精准、协同拓展；发挥调整煤炭消费结构的作用。

三是积极有序推进可再生能源发展。稳妥推动水电、核电等非化石能源发展。贯彻生态保护优先，统筹协调水电建设与电网建设进度，创新水电开发和运行机制，有序推进水电基地建设和电力有效消纳。稳妥推进重点区域和重点河流的生态友好型大型水电建设，有序扩大“西电东送”规模。健全龙头水库水电开发支持政策体系，建立定量补偿效益协调机制，研究电量保障全额消纳政策，体现龙头水库资源价值。坚持安全为先，稳妥推进核电发展，加快开工建设一批沿海核电项目，积极开展小型堆示范与应用，统筹核电全产业链协调发展，促进核电装机规模稳步增长。集中式和分布式并举，推动风电和光伏发电发展。优化风电开发布局，积极发展海上风电，稳步推进大型风电基地建设。在实现与生态协调的基础上，加快中东部地区分散式风电平价上网项目的发展。高标准建设生态环境友好型风电场，加快推动分散风能资源开发。持续扩大光伏发电规模，拓展应用模式，推广光伏多元化利用，推动分布式光伏发展。大力推进西部大型光伏电站和水、光互补项目发展，稳步推进太阳能热发电规模化发展。结合泛在电力物联网发展、储能、直流配电等技术应用，使分布式光伏更高效、便捷地接入电网和能源消费端。

四是构建坚强、智能电网系统。首先，完善电网主网架结构。加强跨省（区）超高压、特高压电网建设，稳步推广柔性直流输电技术，推动电网柔性可控互联，提升电网适应新能源的动态稳定水平。优化输电曲线，加强送受两端电网协同调峰运行，扩大新能源电力跨省跨区输送规模。其次，加快配电网改造升级。推动智能配电网和主动配电网建设，推广普及分布式发电、电动汽车、用户侧储能等技术，着力提高配电网接纳新能源电力和承载多元化负荷的能力。探索开展适应分布式新能源接入的直流配电网工程示范。再次，发展分布式智能电网。结合低碳零碳园区、社区、城市建设，利用分布式光伏、分散式风电、储能等技术，积极发展以消纳新能源为主的智能微电网，在促进高比例可再生能源自产自销的同时，实现与大电网的兼容互补。最后，构建电网安全综合防御体系，强化电力系统信息安全防控，提高网络攻击防范能力。增强电网安全运行能力，完善电网联防联控长效机制及应急处置预案。提升对各类突发事件的防范能力，保障国内电力供应链安全。

五是多种措施推进需求响应。提升风电、光伏发电本地消纳能力。积极拓宽绿色电力应用领域，提升制造业电气化水平，提高化石能源替代率；推进电气化铁路运输网络建设，加快推广普及电动汽车；提高工业园区、民用和商业建筑等分布式光伏普及程度；强化需求侧管理，积极推广能效电厂、需求响应、电能替代等，探索发挥电动汽车等生产生活充放电设施在调峰方面的作用。加快电力领域市场化改革。通过用户侧分时、峰谷、可中断等价格手段，鼓励用户开展需求侧管理，鼓励分布式发电、电动汽车和电网互动（V2G）、储能等措施的应用，引导用户在分担系统压力的同时降低用电成本。提高电网侧跨省跨区清洁能源电力外送电量比例，充分利用市场手段引导区域电力互济流动。全面调查评估需求响应资源，建立分级分类清单，系统整合分散资源，引导用户优化储用电模式，充分释放居民、一般工商业用电负荷的弹性，提升电力需求侧响应能力。针对我国工业用电负荷占比高的特点，引导大工业负荷参与辅助服务市场。

六是加强新型电力系统关键技术研发能力。加快国产化研究，提升关键核心技术装备自主可控水平，打造一批新型电力系统技术产学研融合创新平台。深化产学研用联合攻关，建立高水平国家级研发平台，完善科技创新考核和激励机制，支撑新型电力系统建设所需的关键技术和“卡脖子”技术攻关研发。

七是深化机制改革，建立并完善适应新型电力系统发展的市场体系。完善中长期电力市场、现货市场、辅助服务市场机制，推动新能源等各类电源全面进入市场。准确定位绿证市场、碳市场、电力市场功能并做到有序衔接。

附件：新型电力系统相关政策文件列表

序号	文件名称	发布单位	文号
1	中共中央　国务院关于加快经济社会发展全面绿色转型的意见	中共中央　国务院	—
2	中共中央关于进一步全面深化改革推进中国式现代化的决定	中共中央	—
3	中共中央　国务院关于全面推进美丽中国建设的意见	中共中央　国务院	—
4	高举中国特色社会主义伟大旗帜　为全面建设社会主义现代化国家而团结奋斗——在中国共产党第二十次全国代表大会上的报告	—	—
5	中共中央　国务院关于加快建设全国统一大市场的意见	中共中央　国务院	—
6	中华人民共和国国民经济和社会发展第十四个五年规划和2035年远景目标纲要	—	—
7	中共中央　国务院关于完整准确全面贯彻新发展理念做好碳达峰碳中和工作的意见	中共中央　国务院	中发［2021］36号
8	国务院办公厅关于印发《加快构建碳排放双控制度体系工作方案》的通知	国务院办公厅	国办发［2024］39号
9	关于促进新时代新能源高质量发展实施方案的通知	国家发展改革委 国家能源局	国办函［2022］39号
10	国务院关于印发2030年前碳达峰行动方案的通知	国务院	国发［2021］23号
11	国家发展改革委　国家能源局　国家数据局关于印发《加快构建新型电力系统行动方案（2024—2027年）》的通知	国家发展改革委 国家能源局 国家数据局	发改能源［2024］1128号
12	国家发展改革委　国家能源局关于印发《煤电低碳化改造建设行动方案（2024—2027年）》的通知	国家发展改革委 国家能源局	发改环资［2024］894号
13	国家发展改革委等部门关于印发《绿色低碳转型产业指导目录（2024年版）》的通知	国家发展改革委 等部门	发改环资［2024］165号

续表

序号	文件名称	发布单位	文号
14	国家发展改革委　国家统计局　国家能源局关于加强绿色电力证书与节能降碳政策衔接大力促进非化石能源消费的通知	国家发展改革委 国家统计局 国家能源局	发改环资 〔2024〕113号
15	关于印发《能源重点领域大规模设备更新实施方案》的通知	国家发展改革委 办公厅 国家能源局综合司	发改办能源 〔2024〕687号
16	国家发展改革委办公厅　国家能源局综合司关于2024年可再生能源电力消纳责任权重及有关事项的通知	国家发展改革委 办公厅 国家能源局综合司	发改办能源 〔2024〕598号
17	国家发展改革委办公厅关于印发《绿色低碳先进技术示范项目清单（第一批）》的通知	国家发展改革委 办公厅	发改办环资 〔2024〕272号
18	产业结构调整指导目录（2024年本）	国家发展改革委	中华人民共和国国家发展和改革委员会令第7号
19	国家发展改革委　国家能源局关于加强新形势下电力系统稳定工作的指导意见	国家发展改革委 国家能源局	发改能源 〔2023〕1294号
20	国家发展改革委等部门关于印发《电力需求侧管理办法（2023年版）》的通知	国家发展改革委 等部门	发改运行规 〔2023〕1283号
21	国家发展改革委等部门关于印发《绿色低碳先进技术示范工程实施方案》的通知	国家发展改革委 等部门	发改环资 〔2023〕1093号
22	国家发展改革委　财政部　国家能源局关于做好可再生能源绿色电力证书全覆盖工作促进可再生能源电力消费的通知	国家发展改革委 财政部 国家能源局	发改能源 〔2023〕1044号
23	国家发展改革委等部门关于促进退役风电、光伏设备循环利用的指导意见	国家发展改革委 等部门	发改环资 〔2023〕1030号
24	国家发展改革委　国家统计局关于进一步做好原料用能不纳入能源消费总量控制有关工作的通知	国家发展改革委 国家统计局	发改环资 〔2022〕803号

续表

序号	文件名称	发布单位	文号
25	国家发展改革委　国家统计局　国家能源局关于进一步做好新增可再生能源消费不纳入能源消费总量控制有关工作的通知	国家发展改革委 国家统计局 国家能源局	发改运行 ［2022］1258号
26	国家发展改革委　国家能源局关于印发《“十四五”现代能源体系规划》的通知	国家发展改革委 国家能源局	发改能源 ［2022］210号
27	国家发展改革委　国家能源局关于印发《“十四五”新型储能发展实施方案》的通知	国家发展改革委 国家能源局	发改能源 ［2022］209号
28	国家发展改革委　国家能源局关于完善能源绿色低碳转型体制机制和政策措施的意见	国家发展改革委 国家能源局	发改能源 ［2022］206号
29	国家发展改革委　国家能源局关于开展全国煤电机组改造升级的通知	国家发展改革委 国家能源局	发改运行 ［2021］1519号
30	国家发展改革委　国家能源局　财政部　自然资源部　生态环境部　住房城乡建设部　农业农村部　中国气象局　国家林业和草原局关于印发“十四五”可再生能源发展规划的通知	国家发展改革委 国家能源局等 九部门联合印发	发改能源 ［2021］1445号
31	国家发展改革委关于进一步深化燃煤发电上网电价市场化改革的通知	国家发展改革委	发改价格 ［2021］1439号
32	国家发展改革委关于印发《完善能源消费强度和总量双控制度方案》的通知	国家发展改革委	发改环资 ［2021］1310号
33	国家发展改革委　国家能源局关于鼓励可再生能源发电企业自建或购买调峰能力增加并网规模的通知	国家发展改革委 国家能源局	发改运行 ［2021］1138号
34	国家发展改革委办公厅　国家能源局综合司关于做好新能源配套送出工程投资建设有关事项的通知	国家发展改革委 办公厅 国家能源局综合司	发改办运行 ［2021］445号
35	工业和信息化部等六部门关于推动能源电子产业发展的指导意见	工业和信息化部 等六部门	工信部联电子 ［2022］181号

续表

序号	文件名称	发布单位	文号
36	工业和信息化部等五部门联合印发加快电力装备绿色低碳创新发展行动计划的通知	工业和信息化部等五部门	工信部联重装［2022］105号
37	工业和信息化部 国家发展改革委 生态环境部关于印发工业领域碳达峰实施方案的通知	工业和信息化部 国家发展改革委 生态环境部	工信部联节［2022］88号
38	国家能源局关于印发《2024年能源工作指导意见》的通知	国家能源局	国能发规划［2024］22号
39	国家能源局关于印发《2023年能源工作指导意见》的通知	国家能源局	国能发规划［2023］30号
40	2023年能源监管工作要点	国家能源局	国能发监管［2023］4号
41	新型电力系统发展蓝皮书	国家能源局	—
42	国家能源局综合司关于进一步做好可再生能源发电项目建档立卡有关工作的通知	国家能源局综合司	—
43	国家能源局关于加快推进能源数字化智能化发展的若干意见	国家能源局	—
44	国家能源局综合司关于加强电化学储能电站安全管理的通知	国家能源局综合司	国能综通安全［2022］37号
45	国家能源局关于印发《2022年能源工作指导意见》的通知	国家能源局	国能发规划［2022］31号
46	国家能源局关于印发《2021年能源工作指导意见》的通知	国家能源局	—

中国电力减排研究

2024